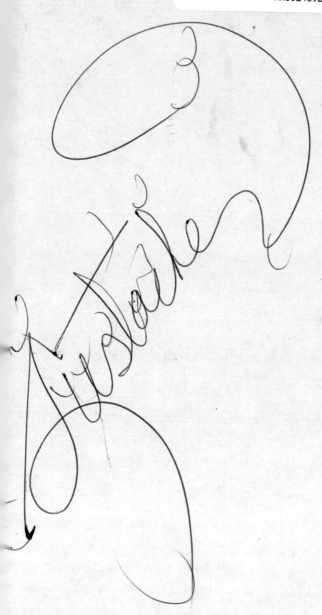

Thomas Merton

El hombre nuevo

Editorial LUMEN
Viamonte 1674
(C1055ABF) Buenos Aires
☎ 4373-1414 (líneas rotativas) Fax (54-11) 4375-0453
E-mail: editorial@lumen.com.ar
República Argentina

Colección **Biblioteca Thomas Merton**

Título original:
The New Man.
© 1961 by The Abbey of Gethsemani.
Publicado por The Noonday Press, Nueva York.

Traducción: Miguel Grinberg
Supervisión: S. Díaz Terán y Pablo Valle
Coordinación gráfica: Lorenzo Ficarelli
Armado: Carolina Minetti

ISBN 950-724-804-8

2da. edición

Índice

I

Nuestra guerra interior

1. Dentro de nosotros, la vida y la muerte combaten entre sí. No bien nacemos, comenzamos a vivir y a morir simultáneamente.

Aunque no la advirtamos ni siquiera ligeramente, esta batalla entre la vida y la muerte persiste en nosotros de modo inexorable y sin misericordia. Si por casualidad nos volvemos conscientes de ella, no sólo en nuestra carne y en nuestras emociones sino, sobre todo, en nuestro espíritu, nos vemos envueltos en una lucha tremenda, una *agonía*, no entre preguntas y respuestas, sino entre el ser y la nada, entre el espíritu y el vacío. En esta guerra, la más terrible de todas, peleada al borde de la desesperación infinita, gradualmente nos damos cuenta de que la vida es más que la recompensa para quien acierte correctamente una "respuesta" espiritual secreta con la que se compromete sonrientemente. Es mucho más que una cuestión de "conquistar la paz mental" o de "resolver problemas religiosos".

Por cierto, para el hombre que penetra en las negras profundidades de la *agonía*, los problemas religiosos se vuelven un lujo inimaginable. No tiene tiempo para tales complacencias. Está luchando por su vida. Su propio ser es un buque que naufraga, listo para hundirse en la nada cada vez que respira, y sin embargo manteniéndose inexplicablemente a flote en el vacío. En tal ocasión, las preguntas que tienen respuestas, a la mente indefensa le parecen una burla cruel. La existencia misma se convierte en una pregunta absurda, como un *koan* zen: hallar una respuesta para tal pregunta es perderse irrevocablemente. Un pregunta absurda sólo puede recibir una respuesta absurda.

Realmente, las religiones no son simples respondedoras de preguntas. O, por lo menos, no se limitan a eso, a menos que se degeneren. La salvación es más que la respuesta a una pregunta. Salir vivo de un desastre no es la respuesta a la pregunta: "¿Escaparé?"

En la batalla del vivir o morir, todo depende del último paso. Nada está asegurado de antemano. Nada es conclusivamente cierto. El desenlace depende de una elección nuestra. Pero eso es lo que constituye el oscuro terror de la *agonía*: no podemos tener certeza de nuestra elección. ¿Tenemos fortaleza suficiente para continuar eligiendo la vida cuando vivir significa seguir y seguir con esta absurda batalla de ser o no ser en nuestra honda intimidad?

En nosotros, las raíces de la vida permanecen inmortales e invulnerables si proseguimos manteniéndonos moralmente vivos en base a la esperanza. Sin embargo, en su plena dimensión sobrenatural, la esperanza está más allá de nuestro poder. Y cuando tratamos de mantenernos en la esperanza mediante una pura persistencia violenta del ansia de vivir, desembocamos, si no en la desesperación, en algo peor: el engaño. (Pues en realidad, dicho engaño es una desesperación que evita reconocerse a sí misma. Es la forma misericordiosa que los cobardes dan a su desesperación.)

Entonces, la esperanza es un don. Como la vida, es un don de Dios, total, inesperado, incomprensible, inmerecido. Emerge de la nada, completamente libre. Pero para ir a su encuentro, debemos descender a la nada. Allí, encontramos la esperanza con más perfección, cuando nos despojamos de nuestra confianza, de nuestra fuerza, cuando ya casi no existimos. San Pablo dice: "La esperanza de lo que se ve no es esperanza." No es esperanza. Por consiguiente, es desesperación. *Ver lo que se espera es abandonar la esperanza.*

La esperanza cristiana de lo que "no se ve" es una comunión en la *agonía* de Cristo. Es la identificación de nuestra propia *agonía* con la *agonía* del Dios que se despojó de todo y fue obediente hasta la muerte. Es la aceptación de la vida en medio de la muerte, no porque tengamos valentía, luz o sabiduría para aceptarla sino porque, por algún milagro, el Dios de la Vida acepta vivir en nosotros en el mismo momento en que descendemos a la muerte.

Todo pensamiento auténticamente religioso proclama que, en su batalla contra la muerte, equipa al hombre con armas que asegurarán la victoria de la vida sobre la muerte.

2. La reivindicación más paradójica y, simultáneamente, más singular y característica producida por el cristianismo, es que con la Resurrección de Cristo, el Señor, de entre los muertos, el hombre ha vencido por completo a la muerte, y que "en Cristo" los muertos resucitarán para disfrutar la vida eterna, en cuerpos espiritualizados y transfigurados y en una creación totalmente nueva. Esta nueva vida en el Reino de Dios no será sólo una herencia recibida pasivamente sino, en cierto sentido, el fruto de nuestra agonía y nuestro esfuerzo, de nuestro amor y nuestras plegarias en unión con el Espíritu Santo. En general, esta creencia fantástica y humanamente imposible, fue dejada de lado por el cristianismo liberal de los siglos XIX y XX, pero todo el que lea objetivamente el Nuevo Testamento deberá admitir que ésa era la doctrina de los primeros cristianos. En verdad, sin esta fabulosa pretensión escatológica, el cristianismo sería sólo un sistema moral sin demasiada consistencia espiritual. Salvo que todo el cristianismo se concentre en la realidad victoriosa, vívida y siempre presente de Jesucristo, el Dios-Hombre vencedor de la muerte, pierde su carácter diferenciado y se esfuma el justificativo para un apostolado misio-

nero cristiano. Dicho apostolado, en efecto, sin la resurrección de los muertos, tiende a ser pura y simplemente un apostolado para el "progreso" cultural y económico de Occidente, y no una predicación verdadera del Evangelio.

La plenitud de la vida humana no puede medirse con nada que le suceda únicamente al cuerpo. La vida no es meramente un asunto de vigor físico, de salud, o de capacidad para el deleite. ¿Qué es la vida? Es mucho más que el aire que respiramos, la sangre que late en nuestras muñecas, la respuesta al estímulo físico. Por cierto que todas estas cosas son esenciales para una vida humana integral, pero por sí mismas no constituyen lo que la vida es en su plenitud. Un hombre puede tener todo esto y, sin embargo, ser un idiota. El que solamente respira, come, duerme y trabaja, ajeno a la conciencia, sin propósitos y sin ideas propias, realmente no es un hombre. La vida, en este sentido puramente físico, es meramente ausencia de muerte. Gente así no vive, vegeta.

Para que un hombre esté vivo, no debe sólo ejercitar los actos que pertenecen a la vida animal y vegetativa, no debe sólo subsistir, crecer y usar los sentidos, no debe sólo desplazarse, alimentarse y todo lo demás. Debe efectuar las actividades propias de su tipo de vida específicamente humana. O sea, debe pensar con inteligencia. Y sobre todo, debe orientar sus acciones mediante decisiones libres, tomadas a la luz de su propio pensamiento. Más todavía, estas decisiones deben propender a su crecimiento intelectual, moral y espiritual. Deben tender a hacerlo más consciente de sus potenciales para el conocimiento y el libre accionar. Deben expandir y extender su potencial para amar a los demás y dedicarse al bien común, pues en ello encuentra su propia realización.

En una palabra, para que el hombre viva, debe alcanzar una vitalidad integral, completa. Todo debe ser vida en él, en su cuerpo, sus sentidos, su mente y su voluntad.

Pero esta vida debe tener también cierto orden y coherencia especiales. Vemos a menudo a personas que son consideradas como "rebosantes de vida" pero que, en realidad, no hacen otra cosa que luchar con su propia incoherencia.

Sin duda, la vida implica sobreabundancia pero no desborde. Con frecuencia, quienes están rebosando vida se encuentran hundiéndose en la muerte con un enorme chapoteo. No trascienden la muerte; se rinden ante ella con tanta vitalidad animal que son capaces de arrastrar consigo al abismo a muchos más.

3. En quienes están más vivos y, por lo tanto son más ellos mismos, la vida del cuerpo está subordinada a una vida más elevada que está dentro de ellos. Se someten quietamente a la vitalidad mucho más abundante de un espíritu que vive en niveles que desafían la medición y la observación. Entonces, el signo de la vida verdadera en el hombre no es la turbulencia sino el dominio, no la efervescencia sino la lucidez y el rumbo, no la pasión sino la sobriedad que sublima toda pasión y la eleva a la clara embriaguez del misticismo. El dominio al que nos referimos no es el control arbitrario y tiránico de un principio interno que puede, variadamente, llamarse "superego" o conciencia farisaica; es la coordinación armoniosa del poderío del hombre que puja por la realización de sus potencialidades espirituales más profundas. No es tanto el dominio de una parte del hombre sobre otra, sino la integración pacífica de todas las facultades del hombre en una perfecta actualización que es su yo verdadero, o sea, su yo espiritual.

Por lo tanto, sólo puede decirse netamente que el hombre está vivo cuando tiene plena conciencia del significado real de su propia existencia, es decir, cuando experimenta algo de la plenitud de inteligencia, libertad y espiritualidad que se actualizan en él mismo.

Pero ¿realmente podemos esperar que el hombre alcance ese tipo de conciencia? ¿No es absolutamente cruel poner ante sus ojos la esperanza ilusoria de esta "plenitud" de vida y de la "realización"? Por supuesto, si no comprende la naturaleza de la esperanza, es la más cruel y la más burlona de las ilusiones. Puede volverse el peor de todos los espejismos espirituales que lo atormentan durante su desierto peregrinaje. ¿Cómo podría engañarse con la promesa de realizarse a sí mismo un hombre hundido en la agonía, en la lucha entre la vida y la muerte en sus formas espiri- tuales más elementales? Su yo, su propia realidad, es una contra- dicción total: una contradicción misericordiosamente oscurecida por la confusión. Si la confusión se esclareciera y él "realizara" completamente su yo atormentado, ¿qué vería, salvo el absurdo definitivo de la contradicción? El "significado real de su existencia" sería entonces precisamente que carece de significado.

En cierto sentido, eso es verdad. Para encontrar la vida, debe- mos morir a la vida tal como la conocemos. Para encontrar el sig- nificado, debemos morir al significado tal como lo conocemos. El sol sale todas las mañanas y estamos acostumbrados a ello y, por- que sabemos que volverá a salir, al fin actuamos como si saliera porque queremos que lo haga. Supongan que el sol decidiera no salir. Entonces algunas de nuestras mañanas serían "absurdas", o para decirlo suavemente: no darían satisfacción a nuestras expec- tativas.

Para hallar el significado pleno de nuestra existencia, no debe- mos procurar el significado que esperamos, sino el significado que nos es revelado por Dios. El significado que nos llega desde la ti- niebla trascendente de su misterio y del nuestro. No conocemos a Dios y no nos conocemos a nosotros mismos. Entonces, ¿cómo imaginamos que podemos trazar nuestro curso hacia el descubri- miento del significado de nuestra vida? Este significado no es un sol que sale todas las mañanas, aunque hemos llegado a pensar- lo así, y en las mañanas en que no sale lo sustituimos con alguna luz artificial nuestra para no admitir que esa mañana fue absurda.

Entonces, el significado no es algo que descubrimos en noso- tros mismos o en nuestras vidas. Los significados que somos ca- paces de descubrir nunca son suficientes. El significado verdadero tiene que ser revelado. Tiene que ser "concedido". Y en el hecho de que sea concedido se encuentra, en verdad, la mayor parte de su relevancia: porque la vida misma, en definitiva, sólo es relevan- te en la medida en que es concedida.

Mientras experimentemos la vida y la existencia como soles que deben salir todas las mañanas, estaremos en agonía. Debemos aprender que la vida es una luz que aparece cuando Dios la convoca a salir de la oscuridad. Para esto no existen tiempos fijados.

4. El hombre está plenamente vivo sólo cuando tiene la experiencia genuina, al menos hasta cierto punto, de dedicarse espontánea y legítimamente al propósito real de su existencia personal. En otras palabras, el hombre está vivo no sólo cuando existe, no sólo cuando existe y actúa, no sólo cuando existe y actúa como hombre (o sea, libremente), sino sobre todo cuando es consciente de la realidad y la inviolabilidad de su propia libertad, y se da cuenta al mismo tiempo de su capacidad para consagrar por entero esa libertad al propósito para el que le fue dada.

Este percatarse no se implanta en su ser mientras su libertad no esté dedicada a su justo propósito. El hombre "se encuentra a sí mismo" y es feliz cuando logra advertir que su libertad está funcionando espontánea y vigorosamente para orientar su ser íntegro hacia el propósito que ansía alcanzar en su más profundo centro espiritual. Este propósito es *vida* en el sentido más pleno de la palabra. No la vida meramente individual, centrada en sí misma, egoísta, que está condenada a concluir en la muerte, sino una vida que trasciende las limitaciones y necesidades individuales, y subsiste fuera del yo individual en lo Absoluto: en Cristo, en Dios.

El hombre está verdaderamente vivo cuando toma conciencia de sí mismo como dueño de su propio destino para la vida o para la muerte, percatándose del hecho de que su realización final o su destrucción dependen de su libre albedrío, y dándose cuenta de su capacidad para decidir por sí mismo. Éste es el comienzo de la vida verdadera.

No obstante, una vez más: esto es teórico e ideal. ¿Cuál es la realidad? El hombre caído, en quien la vida y la muerte combaten por el dominio, ya no es el dueño absoluto de sí mismo: sólo le queda energía para clamar por auxilio en el vacío. La ayuda, es cierto, llega como una respuesta inexplicable a su clamor, aunque jamás del modo que la espera. ¿Se puede llamar "dominio" a esto? Paradójicamente, es aquí y únicamente aquí donde el hombre tiene mando sobre su destino espiritual. Es aquí donde elige. Es aquí donde su libertad, en una desesperada lucha por sobrevivir, funciona "espontánea y vigorosamente para orientar su ser íntegro hacia el propósito que ansía". Debemos tener mucho cuidado con estas pletóricas metáforas sobre el poder y la realización personal. El poderío real del hombre reside oculto en la agonía que lo hace clamar hacia Dios: allí él es al mismo tiempo alguien indefenso y omnipotente. Está completamente indefenso y, sin embargo, puede "hacerlo todo en lo Invisible que lo fortalece".

> *Circumdederuntme!...*
> Los lazos del šeol me rodeaban,
> me aguardaban los cepos de la Muerte.
> Clamé a Yahveh en mi angustia,
> a mi Dios invoqué;
> y escuchó mi voz desde su Templo,
> resonó mi llamada en sus oídos...
> Él inclinó los cielos y bajó,
> un espeso nublado debajo de sus pies;
> cabalgó sobre un querube, emprendió el vuelo,
> sobre las alas de los vientos planeó.
> Se puso como tienda un cerco de tinieblas,
> tinieblas de las aguas, espesos nubarrones...
> Él extiende su mano para asirme,
> para sacarme de las profundas aguas.
>
> (Salmo 17)

En otras palabras, la vida verdadera no es la subsistencia vegetativa del propio yo, ni la animalidad autoafirmativa o autogratificante. Es la libertad que, mediante el amor, trasciende el yo y subsiste en "*el otro*". Se recibe de Dios por entero. Es una libertad que "pierde su vida a fin de encontrarla", en vez de salvarla para perderla. La perfección de la vida es el amor espiritual. Y el cristianismo cree con tanta firmeza en el poder del amor, en el Espíritu Santo, que afirma que el amor divino puede hasta vencer la muerte. Y se expone a la muerte a fin de experimentar la plenitud de la vida.

Pero en el hombre, la cúspide de la vida es también la contemplación. La contemplación es la perfección del amor y del conocimiento. La vida del hombre crece y se perfecciona por medio de esos actos en que su inteligencia iluminada capta la verdad, y a través de aquellos actos todavía más importantes donde su inviolable libertad absorbe, por así decirlo, y asimila la verdad mediante el amor, y vuelve verdadera su alma "ejerciendo la verdad en la caridad". La contemplación es la convergencia de la vida, el conocimiento, la libertad y el amor en una intuición supremamente sencilla de la unidad de todo amor, libertad y vida en su fuente, que es Dios.

5. La contemplación es al mismo tiempo la apreciación existencial de nuestra "nada" y de la realidad divina, percibida por un inefable contacto espiritual en las profundidades de nuestro ser. La contemplación es la repentina penetración intuitiva de lo que ES realmente. Implica el salto inesperado del espíritu del hombre hacia la luminosidad existencial de la Realidad en sí, no apenas a través de la intuición metafísica del ser, sino mediante la consumación trascendente de una comunión existencial con Aquel que ES.

Esto es lo que hace al místico mucho más existencial que el filósofo. Porque donde el metafísico genuino se aparta del puro concepto objetivo del ser como tal para apreciarlo subjetivamente mediante la experiencia y la intuición, el místico va todavía más lejos y se sumerge en la infinitud dinámica de una Realidad que no sólo ES, sino que desde sus propias profundidades inagotables vierte la realidad de todo lo que es real. El místico, o sea, el contemplativo, no sólo ve y toca lo que es real sino que, más allá de la superficie de todo lo existente, alcanza la comunión con la Libertad que es la fuente de toda la existencia. Esta Realidad, esta Libertad, no es un concepto ni una cosa, ni un objeto, ni siquiera un objeto de conocimiento: es el Dios vivo, el Santo de los santos, Aquel cuyo Nombre nos atrevemos a pronunciar porque Él nos reveló un Nombre, si bien está más allá de todos los nombres y más allá de todo ser, más allá de todo conocimiento, más allá de todo amor. Él es el infinitamente Otro, el Trascendente, de quien no tenemos ni tendremos ninguna idea unívoca. Se encuentra tan por encima del ser que, en cierto sentido, sería más legítimo decir de él que "no es", en vez de decir que Él es. Sin embargo, al mismo tiempo, denominamos mejor a quien es la plenitud de la vida si decimos que Él ES. Y Aquel que ES (o "no es", según se lo considere apofática o catafáticamente) habita en el mismísimo corazón de nuestro propio ser. La cúspide pura de nuestra existencia es el umbral de su Santuario, y Él está más cerca de nosotros que nosotros mismos.

6. En esta perfecta realización personal mediante el contacto de nuestra angustiada libertad con la Libertad dadora de vida de quien es Santo y Desconocido, es donde el hombre inicia en su alma la conquista de la muerte. Este encuentro con nuestro verdadero yo, este despertar, este ingreso a la vida en la tiniebla luminosa del Dios infinito, nunca puede ser otra cosa que una comunión con Dios por la gracia de Jesucristo. Nuestra victoria sobre la muerte no es una obra propia, sino suya. El triunfo de nuestra libertad, que debe ser nuestro triunfo si es que va a salvarnos de la muerte, no obstante es también y primordialmente suyo. Por consiguiente, en todas estas meditaciones nos referiremos a la contemplación como un compartir la muerte y la Resurrección de Cristo. En la Secuencia de la Pascua, la Iglesia canta cómo "la vida y la muerte se toparon en una fantástica batalla", y cómo "el Príncipe de la Vida, aun muerto, vive y reina".

> *Mors et vita duello*
> *Conflixere mirando*
> *Dux vitae mortuus*
> *Regnat vivus.*

Esta victoria de la vida sobre la muerte, ganada por el Autor de la Vida, es el alma misma del antiguo y tradicional existencialismo de la Iglesia, un existencialismo tan calmo y obviamente existencial que nunca precisó ser llamado con tal nombre.

La contemplación cristiana es existencial no sólo en el sentido de experimentar nuestra realidad inmersa en la realidad de Aquel que ES, sino también en el sentido de ser una participación en una acción concreta de Dios en el tiempo, el punto culminante de la irrupción divina en la historia humana que, al tratarse tanto de un acto de Dios como del hombre, puede comunicarse espiritualmente y repetirse una y otra vez en las vidas de los individuos.

7. La contemplación es señal de una vida cristiana plenamente madura. Hace que el creyente deje de ser esclavo o sirviente del Maestro divino, no más el custodio temeroso de una ley difícil, ni siquiera un hijo obediente y sumiso todavía muy joven para intervenir en las decisiones de su Padre. La contemplación es esa sabiduría que convierte al hombre en amigo de Dios, algo que Aristóteles consideraba imposible. Decía: "¿Pues cómo puede ser el hombre amigo de Dios?" La amistad implica igualdad. Precisamente ése es el mensaje del Evangelio:

"No os llamo ya siervos, porque el siervo no sabe lo que hace su amo; a vosotros os he llamado amigos, porque todo lo que he oído a mi Padre os lo he dado a conocer. No me habéis elegido vosotros a mí sino que yo os he elegido a vosotros, y os he destinado para que vayáis y deis fruto, y que vuestro fruto permanezca; de modo que todo lo que pidáis al Padre en mi nombre os lo conceda... Yo soy la vid; vosotros los sarmientos. El que permanece en mí y yo en él, ése da mucho fruto; porque separados de mí no podéis hacer nada... Si permanecéis en mí, y mis palabras permanecen en vosotros, pedid lo que queráis y lo conseguiréis" (Juan 15, 15-16, 5, 7).

Si somos hijos de Dios, entonces somos "herederos también", coherederos con nuestro hermano, Cristo. Es heredero quien tiene derecho a las posesiones de su Padre. Quien tenga la plenitud de la vida cristiana ya no es un perro que come migajas bajo la mesa del Padre, sino un hijo que se sienta junto al Padre y comparte su banquete. Precisamente, ésta es la porción del cristiano maduro, pues con la Ascención de Cristo, como dice san Pablo, "Dios nos hizo sentar en los cielos en Cristo Jesús" (Efesios 2, 6).

8. En nuestras almas, la contemplación es un pregusto de la victoria definitiva de la vida sobre la muerte. En efecto, sin la contemplación, *creemos* en la posibilidad de esta victoria, y la *esperamos*. Pero cuando nuestro amor a Dios estalla en la llama oscura pero luminosa de la vida interior, se nos permite, aunque sea por un instante, experimentar algo de la victoria. Pues en tales momentos, "vida", "realidad" y "Dios" dejan de ser conceptos que pensamos y se convierten en realidades de las que participamos conscientemente.

En la contemplación, conocemos la realidad de Dios de un modo completamente nuevo. Cuando captamos a Dios mediante conceptos, lo vemos como un objeto separado de nosotros, como un ser del que estamos alienados, aunque creamos que él nos ama y que nosotros lo amamos. En la contemplación, esta división desaparece, pues la contemplación trasciende los conceptos y asume a Dios no como un objeto aparte sino como Realidad dentro de nuestra realidad, el Ser dentro de nuestro ser, la Vida de nuestra vida. Para expresar esta realidad debemos usar un lenguaje simbólico y, respetando la distinción metafísica entre el Creador y la criatura, enfatizaremos el vínculo yo-Tú entre el alma y Dios. Sin embargo, la experiencia de la contemplación es la experiencia de la vida y la presencia de Dios en nosotros, no como objeto sino como la fuente trascendente de nuestra subjetividad. La contemplación es un misterio en el que Dios se revela a nosotros como el centro mismo de nuestro yo más íntimo: *intimior intimo meo*, como dijo san Agustín. Cuando la verificación de su presencia estalla en nosotros, nuestro yo desaparece en Él y atravesamos místicamente el Mar Rojo de la separación para perdernos (y para encontrar así nuestro yo verdadero) en Él.

La contemplación es la forma más elevada y más paradójica de la conciencia de uno mismo, lograda por medio de una aparente aniquilación del yo.

Por lo tanto, la vida no sólo es conocida, sino vivida. Es vivida y experimentada en su integridad, es decir, en todas las ramificaciones de su actividad espiritual. Todas las potencialidades del alma se expanden con libertad, conocimiento y amor, y todas vuelven a converger, y se reunifican en un acto supremo radiante de paz. En su sentido más elevado, la concreción de esta experiencia de la realidad es existencial. Más todavía: se trata de una comunión. Es la percepción de nuestra realidad inmersa y, en cierto modo fusionada con la Realidad suprema, el acto infinito del existir que denominamos Dios. Finalmente, es una comunión con Cristo, el Verbo encarnado. No mera una unión personal de las almas con Él, sino una comunión en el gran acto con el que derrotó a la muerte de una vez por todas en su muerte y Resurrección.

2

Teología prometeica

9. Hay un misticismo prometeico que es un combate con los dioses y, por tratarse de un combate con los dioses, les parece grandioso a quienes no conocen al Dios vivo. ¿Qué hizo Prometeo? Robó fuego a los dioses y por eso ellos lo castigaron. El mito de Prometeo, según la versión de Hesíodo, es una imagen de la situación psicológica del hombre: culpable, rebelde, frustrado, inseguro de sí mismo, de sus dones y de su fortaleza, alienado, pero tratando de hacer valer sus derechos. Ve la lucha entre la vida y la muerte desde una perspectiva errónea. Su visión es una visión de derrota y desesperación. La vida no puede vencer a la muerte, pues los dioses tienen todo el poder en sus manos y deben seguir viviendo mientras nosotros morimos. La batalla, entonces, nos ofrece una única consecuencia: el glorioso desafío de afirmar nuestra desesperación. Prometeo no es el símbolo de la victoria sino de la derrota. El misticismo prometeico posee precisamente esta cualidad negativa: dado que no puede concebir una verdadera victoria, convierte la derrota en victoria y se ufana de su propia desesperación. Pero esto ocurre sólo porque Prometeo cree más en la muerte que en la vida. De antemano, está convencido de que debe morir.

10. El instinto de Prometeo es tan profundo como la debilidad humana. Es decir que es casi infinito. Sus raíces están en el abismo insondable de la nada del hombre. Es el clamor desesperante que emerge de la oscuridad de la soledad metafísica del hombre. Es la expresión inarticulada de un terror que el hombre no admitirá ante sí: su terror a tener que ser él mismo, a tener que ser una persona. Pues el fuego que Prometeo roba a los dioses es su propia realidad incomunicable, su propio espíritu. Es la afirmación y la justificación de su propio ser. Pero este ser es un don de Dios y no tiene que ser robado. Sólo puede obtenerse mediante una dádiva gratuita; la esperanza misma de lograrlo mediante el robo es pura ilusión.

11. Sin saber que bastaba pedirlo para el que fuego fuese suyo, sin saber que el fuego era algo que Dios no necesitaba, algo que Dios había creado expresamente para el hombre, Prometeo sintió que debía robarlo. Pero ¿por qué? Porque no conocía a dios alguno que estuviera dispuesto a dárselo por nada. No conocía a dios alguno que no fuera un enemigo, porque los únicos dioses que conocía eran sólo un poco más fuertes que él. Tuvo que robarle el fuego a dioses que eran débiles. Si hubiera conocido al Dios poderoso, todo habría sido completamente distinto.

12. Si observamos cuidadosamente este robo del fuego, al final veremos que fue más un acto de adoración que un gesto de desafío. Casi fue como si Prometeo robara el fuego para devolvérselo a los dioses; como si acudiera a ellos con llamas en sus manos como flores vívidas y sensibles, en vez de huir de ellos con su vida soltando chispas entre sus dedos.

Qué triste es la figura de Prometeo y qué tristes son sus dioses, pues para existir ellos debían temerle, y él debía odiarlos para poder vivir. ¿Quién no advierte que Prometeo y su culpa y sus dioses son simplemente la imagen múltiple de la esquizofrenia del hombre? ¿Por qué debemos vivir en el reino sombrío de seres que nunca consiguen creer que ellos mismos existen? Sin el Dios vivo (sin un centro), los hombres se convierten en pequeños dioses desamparados, aprisionados dentro de los cuatro muros de su debilidad y su miedo. Son tan conscientes de su debilidad que piensan que no tienen nada para dar a los demás, y que sólo pueden subsistir arrebatándoles lo poco que tienen, un poco de amor, un poco de conocimiento, un poco de poder. Así, desde el mismísimo comienzo, sus vidas son una disculpa constante: "Lo lamento, padre, madre, al crecer debo robar vuestro fuego. Sois dioses débiles y os amo, pero no os equivocáis al temerme como sé que lo hacéis. Pues vosotros declináis y yo debo acrecentarme, debo crecer y vivir de vuestra decadencia. Desearía que fuera distinto. Pero dado que las cosas son como son, inevitablemente debéis temerme bajo el manto del amor, y debo amaros como resultado del temor, pues somos culpables unos frente a otros, y ninguno de nosotros tiene en absoluto derecho alguno a la existencia..."

El padre combate al hijo para que el hijo no crezca y condene al padre. La madre tendrá celos de la hija y será rencorosa con ella, por miedo a ser rechazada a su vez. (O entonces, si todos son conscientes, esconden su miedo secreto bajo apegos mutuos que son más inquebrantables que la mismísima desesperación; como si el niño, para demostrar una y otra vez su sumisión a la madre, se negara firmemente a salir de su vientre.)

Tales son las profundas raíces del instinto prometeico que los hombres toman como heroísmo.

13. Prometeo es el místico sin fe, que no cree en sí mismo ni en dios alguno. Y cuando lo denomino místico, uso el término con sentido sarcástico: el hombre que precisa un fuego ajeno a él, en cierto sentido está condenado a pasar su vida con la esperanza de algún éxtasis imposible. Para Prometeo, este éxtasis es un éxito aparente, pues él roba fuego y obtiene ese éxtasis punitivo que justifica y explica el robo.

Si un Prometeo aparece por aquí o allá entre los hombres de nuestro tiempo, resalta sobre ellos como un gigante entre pigmeos. Envidian su magnífico y público castigo. Suponen que él es la persona que no se atreven a ser. Desafió a los cielos, y su castigo persiste como un eterno reproche a los dioses. ¡Él tuvo la última palabra!

14. Prometeo trasciende a los hombres comunes por la intensidad y la potencia de su egoísmo, por el encanto de su aventura y por la violencia de su odio a sí mismo. Se atrevió a descender a las profundidades de su espíritu y a encontrar el fuego prohibido, existencial. Por su parte, ellos no osan buscarlo ni encontrarlo porque son incapaces de una ilusión de culpabilidad tan enorme. Él lo encontrará por ellos y, al mismo tiempo, soportará el envidiado castigo. Ellos asistirán apenados, admirándolo.

15. Prometeo es el profeta y el contemplativo requerido por la era atómica. Es el símbolo y la víctima propiciatoria que justifica nuestros monumentales descubrimientos mediante su misticismo mortuorio. Mientras no tengamos el coraje de utilizar bien lo que descubrimos, mientras nos sintamos constreñidos a usarlo todo negativamente y apliquemos la totalidad de nuestro poder a nuestra destrucción, Prometeo deberá seguir clavado al peñasco ante nosotros, para explicar por qué. Debemos ser destruidos porque no somos nada, porque de cualquier manera nunca existimos, porque no tenemos derecho a ser personas, porque los dioses ofendidos están celosos de nosotros.

No digamos apresuradamente que la grandeza de Prometeo es totalmente una ilusión. En relación con el resto de los hombres, es realmente un gigante. Pues quien tiene el coraje para subir a una montaña, aunque el escalamiento sea completamente inútil, al menos lleva alguna ventaja sobre quienes permanecen en el llano. Posee el coraje de admitir que está asustado, y tiene la valentía de hacer lo que ellos temen hacer.

16. Si Prometeo parece más grande que la manada "bien pensante" situada al pie de la montaña, eso se debe a que de cierto

modo es más honrado que ellos en sus ilusiones. Ellos alegan que
aman y respetan a los dioses. Él admite que los teme. Ellos sos-
tienen que pueden prescindir del fuego, es decir, que se contentan
con no existir, o con existir en un adormecimiento indoloro. Por el
contrario, Prometeo resuelve atacar de frente el problema de su
propia existencia, y exige que los dioses le digan por qué no es
una persona. Y tiene cierto derecho a recelar de una respuesta que
cree haber robado de la cumbre de un Olimpo que encontró, para su sorpresa, sin los dioses que temía encontrar allí. Y así, finalmente, marcha espontáneamente hacia el Cáucaso, se encadena
a la roca, y reclama su dolor y su buitre. El buitre no es inexorable, pero Prometeo insiste en que el ave esté ahí. Y allí se yergue
y sufre, con un pesar que es a la vez monumental y absurdo, cas-
tigándose y compadeciéndose de sí mismo porque no hay dioses
y porque él, que quiere ser su propio dios, advierte que sólo puede serlo cuando es castigado.

17. Dejad que todos los bienpensantes eviten la montaña hu-
meante de este nuevo Moisés, y que teman aceptar su ley que es
una no-ley, su libertad de ser más esclavizado por la culpa de algo que jamás hubiera sido posible si la ley no hubiese sido aboli-
da. Dejad que prefieran simular que no hay fuego para robar, que
hay poderes que se enojarán y castigarán el robo del fuego. Dejad
que afirmen que el mundo tiene un significado definido, pero que
ellos no quieran saber de qué se trata. Dejad que sostengan que
la vida plantea obligaciones, pero que no quieran descubrirlas.
Aseveran que los dioses son absolutamente reales, pero no quie-
ren tener el menor vínculo con la divinidad, de un modo o de otro.
Para ellos, la rectitud, la piedad, la justicia y la religión consisten en
una definición de variadas esencias. No sólo eso, sino que lo justo requiere, según ellos, que la esencia no sea mancillada por la
existencia.

Si estos bienpensantes experimentaran algo de la desesperación real de Prometeo, por un momento los imaginaríamos dignos
de honra. Pero no son merecedores de ninguna honra, apenas
merecen desprecio. Porque donde la rectitud de Prometeo consis-

te en querer estar equivocado, como si el error fuese el único modo de reivindicar lo correcto, la rectitud del hombre "bienpensante" es, en cambio, una esencia que no debe existir. Por consiguiente, ese bienpensar, en realidad, no precisa preocuparse por lo correcto o incorrecto verdadero. En eso se parecen a Prometeo, pero no se molestan en convertirlo en una cuestión de sufrimiento, de desafío o inclusive de comentario. La piedad de Prometeo consiste en una desesperada rebelión contra sus dioses, una rebelión que nace del amor a ellos. La piedad del "bienpensante" es una secreta determinación de ignorar del todo a los dioses, o de reconocerlos sólo con formalismos externos que de antemano se admiten como carentes por completo de significado. La religión del hombre bienpensante se satisface con una noción de los dioses. (Resulta suficiente rendirle homenaje a la noción, por si acaso resulta que los dioses existen, después de todo.)

18. Por lo menos, Prometeo tiene mucha justicia: insiste en ser castigado. Pero la justicia de los bienpensantes consiste en la subversión de todos los derechos más fundamentales del hombre mediante un sentimentalismo (o un cinismo) que con una mano nos da un centavo y con la otra nos roba nuestra alma inmortal.

El bienpensante es como el pobre: siempre está con nosotros. Es el creyente incrédulo: o sea, el hombre religioso que en la práctica vive sin un dios. Es el que simula creer, actúa como si creyera, y parece ser moral porque posee una colección de principios rígidos. Se aferra a cierta cantidad de esencias morales fijas, pero al mismo tiempo se cuida muy bien de no preguntarse jamás si son o no reales. Te robará, te esclavizará, te asesinará y te dará una razón verosímil para hacerlo. Siempre tiene una razón, aunque sus razones se invaliden entre sí por una serie de contradicciones. Eso no importa nada, puesto que no precisa verdad, ni justicia, ni misericordia y, menos que nada, Dios: todo lo que necesita es "ser un hombre bienpensante".

19. En la fuente del todos los misticismos inadecuados del heroísmo y la culpa, existe una especie de autoenajenación esquizofrénica. El anhelo del impaciente espíritu humano, que intenta trascenderse mediante sus propios poderes, es simbolizado por la necesidad de escalar la montaña imposible y encontrar allí lo que después de todo nos pertenece. Cuando un hombre escribe buena poesía, ésta emana de su interior. Pero hubo poetas que sólo pudieron alcanzar sus fuentes internas cuando pensaban que al beber del manantial oculto desafiaban a los dioses. Y existen religiosos que oran mejor cuando imaginan que son rechazados por un Dios encolerizado e implacable. Su plegaria y su espiritualidad consisten en la aceptación del aparente rechazo. Dios mismo les resulta menos necesario que sus sentimientos de desesperación. Él calza mejor en sus vidas cuando se sienten torturados por el buitre vengador. Por debajo de todo, está la convicción de que Dios no puede perdonarles que quieran vivir, ser perfectos, ser libres. Por cierto que es su gracia lo que los colma con una insaciable necesidad de vivir. Pero sus extrañas naturalezas sólo les permiten admitir tal necesidad cuando, al mismo tiempo, se disfraza de una necesidad de castigo.

20. Desde el momento en que el pensamiento religioso toma como punto de partida la noción de que el hombre logrará su salvación al robarle fuego al Cielo, ello conduce al naturalismo. Hasta los sistemas doctrinarios que más se inclinan a favor de la gracia (como, por ejemplo, el jansenismo) son básicamente naturalistas debido a su carácter prometeico.

La teología se vuelve prometeica cuando da por sentado que la perfección suprema del hombre es algo que Dios quiere impedirle que alcance. Pero esta presunción va invariablemente acompañada por la secreta convicción de que esta perfección espiritual *es de y para nosotros mismos*. En otras palabras, dondequiera encontremos una teología de carácter prometeico, o sea, que concibe la salvación como robarle fuego a los Cielos, también hallaremos implícito un naturalismo que ve nuestra salvación y perfección en algo ajeno a Dios.

Por ejemplo, resulta muy frecuente encontrar, hasta bajo fórmulas de impecable ortodoxia, una vulgar espiritualidad prometeica más ávida de "perfección espiritual" que de Dios. En tales casos, el lenguaje de la plegaria podría ser el lenguaje de la humildad más consumada. La gracia se convierte en todo. La naturaleza es lo peor de todo: una nada aborrecible. Y no obstante, dicha espiritualidad puede ser completamente egocéntrica. Su orientación puede ser *directamente opuesta* a la genuina orientación del cristianismo. En vez de ser la realización del cristiano que se encuentra en Dios mediante la caridad y el despojamiento de Jesucristo, se vuelve la rebelión de un alma prometeica que trata de invadir el Cielo y robar el fuego divino para su propia glorificación. Lo que Prometeo quiere no es la gloria de Dios sino su propia perfección. Olvidó la tremenda paradoja de que el único modo de volverse perfecto está en desprenderse de uno mismo y, en cierto sentido, olvidar nuestra propia perfección, para seguir a Cristo.

21. La gran equivocación del misticismo prometeico es que no toma en cuenta otra cosa que el yo. Para Prometeo, el "otro" no existe. Su espíritu, sus esfuerzos, no se relacionan con alguna otra persona. Todo converge en él mismo. Pero el secreto del misticismo cristiano es que colma al yo mediante el amor desinteresado hacia las demás personas.

Después de todo, si nuestra salvación consiste en encontrarnos a nosotros mismos en Dios, eso significa descubrir que somos como Él es. Pero logramos eso sólo al ser como Dios y al proceder como Él procede; lo cual, por supuesto, resulta imposible sin su intervención directa. "Vosotros, pues, sed perfectos como es perfecto vuestro Padre celestial... Permaneced en mí, como yo en vosotros. Lo mismo que el sarmiento no puede dar fruto por sí mismo, si no permanece en la vida; así tampoco vosotros si no permanecéis en mí" (Mateo 5, 48; Juan 15, 4) Y Dios, leemos, es Caridad. De aquí la locura del misticismo que no se vuelca hacia el "otro", sino que permanece recluido en sí mismo. Dicho misticismo es simplemente una fuga de la realidad: se amuralla ante lo real y se nutre de sí mismo.

Una de las razones reales por las que Prometeo es condenado a ser su propio prisionero reside en que es incapaz de entender la dadivosidad de Dios. Lo dijimos antes y lo repetimos aquí: después de todo, el fuego que piensa que debe robar ya es suyo. Dios creó este fuego espiritual para sus hijos; más todavía, les concede su propio fuego increado y santificante, que es el Espíritu Santo. Pero Prometeo, que no entiende la prodigalidad porque carece de ella, desecha la dádiva de Dios.

Aquí se encuentra la razón central de su ineludible sentimiento de culpa. Se condena a la frustración. No puede disfrutar el don de Dios si no lo roba cuando Dios no está mirando. Esto resulta necesario porque Prometeo exige que el fuego sea suyo por derecho de conquista. De otro modo, no lo consideraría realmente suyo. Y ésa es la paradoja que san Pablo vio tan claramente: la salvación pertenece al orden del amor, de la libertad y de la entrega. Si la conquistamos no es nuestra; sólo ocurre cuando la recibimos gratuitamente, cuando es gratuitamente concedida.

22. Con cualquier forma que tome, la espiritualidad prometeica está obsesionada por lo que es "mío" y "tuyo", la diferenciación entre lo "mío" y lo perteneciente a Dios. Dicha tendencia impulsó al hijo pródigo a trazar una neta diferenciación entre "su" herencia y los demás bienes de su padre. Y si bien es cierto que entre los dones de la naturaleza y de la gracia con que fuimos dotados, puede decirse que algunos nos pertenecen con precisión y otros son más exclusivos de Dios, debemos recordar que la enseñanza cristiana culmina en la paradoja de que todo lo mío es al mismo tiempo absolutamente mío y absolutamente de Dios.

El hijo pródigo toma su parte de la herencia, satisfecho de que sea *suya*, y se aleja lo más posible del hogar paterno. Hasta el punto donde el pródigo recapacita y recuerda de dónde surgió, la historia es la de Prometeo y el buitre. El hijo pródigo no robó nada, pero piensa que para "encontrarse a sí mismo" debe poner aparte todo lo clasificable como "suyo" y explotarlo para su reafirmación personal. Su egoísmo y su alejamiento son como el robo

del fuego. Su permanencia con los cerdos es similar al castigo de
Prometeo devorado por el buitre. La realización personal del pródigo, si bien no resulta espectacular, también es prometeica.

23. El debate teológico sobre el libre albedrío y la gracia, en especial desde la Reforma, desembocó en que muchos teólogos, sin
advertirlo, se alinearon con el hijo pródigo. No bien el asunto de
la gracia y el libre albedrío se reduce a una cuestión jurídica, una
vez que los testigos apoyan al demandante o al defensor y los ju-
rados se esfuerzan para discernir el derecho de cada uno, somos
inevitablemente tentados a proceder como si todo lo concedido al
libre albedrío le fuera arrebatado a la gracia, y como si todo lo concedido a la gracia fuera quitado a nuestra libertad.

A ambos lados del debate, tanto si se argumenta "a favor de la
gracia" como si se defiende a la "naturaleza", parece como si todos estuviesen más o menos obsesionados por esta gran ilusión
de la propiedad y la posesión. *¿Qué es estrictamente mío?* ¿Cuánto puede exigirme Dios y cuánto puedo reclamarle? Aunque ob-
tenga la respuesta de que nada es en absoluto estrictamente mío,
en primer lugar adulteré la perspectiva al plantear una pregunta
tonta. "¿Cuánto *es mío?*" ¿Es preciso formular semejante interro-
gación? ¿Hace falta plantear del todo tal división? Preguntar eso
me imposibilita captar la paradoja de la única respuesta posible:
que todo *es mío* precisamente porque *todo es de Él*. Si no le per-
teneciera, jamás podría pertenecerme. Si no pudiera ser mío, Él
tampoco lo querría para sí mismo. Y todo lo que es suyo, es su
mismísimo yo. Y de cierto modo, todo lo que Él me brinda se
vuelve mi propio yo. Entonces, ¿qué es mío? Él es mío. ¿Y qué es
suyo? Yo soy suyo. Pero no bien esto se aclara, no queda lugar en
el cuadro para algo que se parezca a Prometeo.

A menos que se tenga mucho cuidado, y mientras se manten-
ga en foco la verdadera cuestión teológica, la controversia gracia
versus libre albedrío pasa a ser una batalla prometeica entre el
hombre y Dios. Es cierto que los aspectos dramáticos de la batalla quedan en el trasfondo, dado que todo el asunto es más trata-

do como un litigio que como un combate. Pero persiste el hecho de que el hombre comienza a fijar su atención en lo que Dios "debe" darle, y al mismo tiempo a medir cuánto "debe" darle él a Dios a cambio.

Al hacer las cuentas, con estricta justicia, ¿cuánto es un don gratuito de Dios y cuánto es un pago que nos debe? ¿Hasta qué punto debemos comportarnos como mendigos? ¿Qué es lo que debemos rogar humildemente y, si se da el caso, cuándo debemos arrojar nuestra humildad a los vientos y efectuar un reclamo categórico?

24. En esta atmósfera de litigio teológico parecería como si Dios no quisiera que fuésemos libres, como si la libertad fuera algo que Él nos envidiara y nos regateara. Como si la gracia, así como nos da "seguridad", le quitara todos los aguijones a esta peligrosa facultad del libre albedrío robándonos la iniciativa espontánea. En otras palabras, parecería como si el hombre se salvara y llegara a la unión divina mediante un trueque de su libertad por la gracia de Dios. El precio de su felicidad sería una renuncia a su autonomía personal, y la aceptación de una condición de esclavo en el hogar de un Dios tan poderoso como para hacer que la esclavitud valga la pena. El desarrollo extremo de esta perspectiva ni siquiera le dejaría al hombre libertad para hacer el regateo necesario. Simplemente, Dios toma la decisión arbitraria de concederle la gracia a uno o a otro. La gracia actúa infaliblemente. Les confisca su libre albedrío y los salva a pesar de ellos mismos. Atados de pies y manos son arrojados al banquete de bodas, sin duda para que se los alimente a través de un tubo.

25. En el extremo opuesto, entre los pelagianos y sus sucesores naturalistas, el proceso es más explícitamente prometeico. Dios le concede al hombre el poder de la libertad, y el hombre, sin otra ayuda de Dios, salvo el "buen ejemplo" y la inspiración de Cristo, construye su propia salvación mediante heroicas proezas sin temor ni temblor. A primera vista, ésta es la solución que más

atrae al hombre moderno. Lo hace completamente independiente de Dios. Es sólo responsable ante sí mismo, y Dios se vuelve su deudor, debiéndole una recompensa. Quienes están plenamente satisfechos con este cómodo naturalismo, aparentemente se contentan con ignorar la autocontradicción que implica, pues ¿cómo puede el hombre alcanzar la unión con Dios, trascendente e infinito, mediante sus solas facultades? ¿Qué proporción hay entre la voluntad y la inteligencia humanas, y el amor y la verdad de Dios? ¿Puede el hombre trazar un puente entre lo natural y lo sobrenatural simplemente deseándolo de pie al borde del abismo? Es como tratar de volar a través del Gran Cañón parándose allí y agitando los brazos como si fuesen alas.

Es verdad que el hombre puede lograr, mediante sus energías naturales, una beatitud natural e imperfecta. En sí mismo, eso puede incluir cierto conocimiento de Dios y hasta una contemplación aparentemente mística. A quienes se contentan con la solución pelagiana, esto les resulta suficiente. Y si tal es el caso, estamos bastante dispuestos a admitir que tienen tanta razón como necesitan. Ya que, por sus propias fuerzas, pueden llegar hasta lo que consideren el final del camino. Pero lo que denominan el final no es siquiera el comienzo.

26. Cualesquiera sean los méritos y los matices de todos estos variados argumentos, que hace mucho dejaron de ser muy interesantes, todos tienen esto en común: piensan que hay que robarles un fuego a los dioses.

Resumamos todas estas falsas propuestas: sin excepción colocan al hombre contra Dios. Sitúan a Dios y al hombre en mutua oposición. Dan por sentada una hostilidad básica y celosa entre el hombre y Dios, una hostilidad centrada en sus respectivos derechos, poderes y posesiones. En todo ello se asume que Dios está más o menos resentido por los poderes naturales del hombre, y sobre todo por su libertad. Esto significa que el hombre debe salvar su alma sin la ayuda de Dios mediante un *tour de force* prometeico, o que debe revertir su libertad, configurar con sus dones naturales un hermoso complejo de culpa, y arrastrarse barriga abajo hacia Dios para ofrecerle los resultados como ofrenda conciliadora.

¿Qué tienen que ver estas ideas con el amor de Dios que "no odia nada que haya creado", que busca al hombre como su amigo y su hijo, cuyas mercedes son eternas e inalterables, y que a pesar de su omnipotencia es incapaz de desistir de su amor por el hombre, su hijo, o de convertir su amor en odio? Todas nuestras exóticas ideas de conflicto con Dios nacen de una guerra que llevamos dentro —guerra entre las "dos leyes"—: en nuestro yo inferior, la ley del pecado; en nuestra conciencia, la ley de Dios. No combatimos contra Dios, luchamos contra nosotros mismos. Dios, en su misericordia, trata de brindarnos paz, de reconciliarnos con nosotros mismos. Cuando nos reconciliamos con nuestro ser genuino, nos descubrimos unidos a Él. "¿Quién me librará de este cuerpo que me lleva a la muerte? ¡Gracias sean dadas a Dios por Jesucristo nuestro Señor!" (Romanos 7, 24-25) La gracia no es una sustancia extraña y mágica que se infiltra sutilmente en nuestras almas para actuar como una especie de penicilina espiritual. La gracia es unidad, unificación dentro de nosotros, identificación con Dios. La gracia es la paz de la amistad con Dios; y si eso no nos conduce necesariamente a una paz "sentida", sin embargo nos proporciona todos los motivos para estar en paz, mientras sepamos entender y apreciar lo que significa. La gracia significa que *no hay oposición* entre el hombre y Dios, y que el hombre es capaz de estar suficientemente unificado en sí mismo para vivir sin oponerse a Dios. La gracia es amistad con Dios. Más todavía: es condición filial. Nos convierte en los "hijos amados" de Dios en quienes Él "se complace".

27. Si Dios nos hizo inteligentes y libres, fue para que pudiéramos desarrollar nuestra libertad, expandir nuestras energías y capacidades de querer y amar hasta latitudes increíbles, y elevar nuestras mentes hasta una visión inaudita de la verdad. Pero para lograr todo esto (que se encuentra más allá de nuestras capacidades naturales), Dios mismo añade a nuestros dones naturales

los dones de la gracia que eleva y trasfigura nuestra naturaleza, sanando sus males y expandiendo sus potencialidades para que ejecuten sus recursos ocultos a fin de que nuestra vida mística en Dios las desarrolle más todavía. ¿La gracia se opone a la naturaleza? De ninguna manera. Solamente se opone a las *limitaciones*, a las *deficiencias*, a las *debilidades* de la naturaleza y a las contaminaciones y males en que la naturaleza incurrió debido al mal uso de su propio juicio y al abuso de su libertad. ¿La gracia se opone a nuestra realización, a nuestra perfección como personas? Lejos de ello, nos es brindada con el propósito preciso de permitir que descubramos y activemos nuestro yo más hondo y verdadero. Mientras no descubramos este yo profundo, oculto con Cristo en Dios, nunca nos conoceremos realmente como personas. Ni conoceremos a Dios. Porque, franqueando el portal de este yo profundo, ingresamos al conocimiento espiritual de Dios. (Y sin duda, si buscamos nuestro ser esencial no es para contemplarnos a nosotros mismos, sino para trascendernos y encontrarlo a Él.) El "yo" al que se opone la gracia no es solamente el ser apasionado, desordenado y confundido —el "ego" errático y desprolijo— sino más bien el "superego" despótico, la conciencia rígida y deformada que constituye nuestro dios secreto y que con recursos infinitamente celosos defiende su trono contra el advenimiento de Cristo.

28. El Espíritu Santo viene a poner en orden toda la casa de nuestra alma, para liberar nuestras mentes de la inmadurez, del miedo alienante y del prejuicio tenaz. Si Cristo es el Cordero de Dios que quita los pecados del mundo, entonces Él seguramente envía a su Espíritu para liberar a nuestras almas de la obsesión con nuestros sentimientos de culpa. Esto es lo que muchos cristianos se niegan a ver. Piensan que el poder de Cristo para librarnos del pecado no es una liberación real sino una ratificación de sus propios derechos sobre nosotros. La verdad está en ambas cosas, pues cuando Dios afirma "sus derechos" sobre nosotros, nos estamos emancipando. Dios es la Verdad y "La Verdad os hará libres".

Esto es precisamente lo que no conseguimos entender. En lo que se refiere a la más elevada libertad de la gracia, nuestra libertad natural es sencillamente una potencialidad que espera ser desarrollada. Paradójicamente, es por la gracia de Dios por la que finalmente logramos nuestra plena libertad espiritual y consiste en un don de Dios que nos permite erguirnos sobre nuestras piernas.

29. Aquí, nuevamente, retomamos la tragedia prometeica y su ineludible dilema. Prometeo no quiere la libertad como un don. Ante sí mismo, quiere probar que es maduro por medio de la conquista de los padres secretos y celosos que se ocultan entre las nubes del Olimpo. Por lo tanto, su vida es una batalla constante con los dioses y, dado que es una batalla, no puede advertir que la verdadera libertad es un estado de paz con Uno al que no debe combatir. El hombre es naturalmente maduro y libre después de atravesar todas las fases del desarrollo emocional y físico que lo sitúan en el mismo nivel de los demás hombres maduros, para que pueda trabajar junto con ellos para el bienestar de su comunidad. En cierto sentido, la madurez sobrenatural nos eleva a un plano de "igualdad" con Dios, un nivel donde lo amamos así como Él nos ama y cooperamos con Él para la salvación de otros hombres. *Dei adjutores sumus.* Cristo, el Cordero de Dios que quita los pecados del mundo, vino para eliminar todas las trabas para la paz entre nosotros, los demás hombres y Dios. Quita no sólo el pecado real que se interpone entre nosotros, sino también los "pecados" imaginarios e ilusorios que sustentan nuestra obsesión por la culpa y que a menudo nos trastornan mucho más que nuestras faltas propiamente dichas.

A menudo resulta extraño que nuestros pecados reales no se "sientan" en absoluto en las emociones; y podemos pasarlos fácilmente por alto porque no implican alguna sensación fuerte de vergüenza. Y actos que de ningún modo son seriamente malignos pueden llenarnos de confusión, haciéndonos sentir como si fuésemos criminales. A menudo, el dolor causado por estas acciones inofensivas es tan fuerte que nos rebelamos completamente contra él. Y en nuestra rebelión, imaginamos que nos hemos alzado

contra Dios. Después de eso, tememos encararnos con Él, imaginamos que quiere vengarse de nosotros. Todo eso sin fundamen-
tos —debido a una falta social—, algo que momentáneamente
nos hace aparecer como tontos antes los ojos de los demás. Por
cierto, cuando lo hacemos, implícitamente admitimos que no tenemos otro dios que nuestro orgullo.

30. La gracia no se apodera de nosotros como si fuésemos
aviones o cohetes guiados por control remoto. Sin embargo, entre los hombres espirituales existe una tendencia más bien común
a imaginarse como seres huecos, vacíos, íntegramente goberna-
dos y movidos por una remota agencia sobrenatural situada fuera y arriba de ellos. Por cierto, esto rinde homenaje a la idea de
que Dios está infinitamente por encima del hombre. Pero ignora
por completo la verdad igualmente importante de la inmanencia
de Dios en el hombre. El hombre espiritual no es ni puede ser un
mero títere, agitado desde lo alto por cables invisibles que no percibe. Si fuera así, la vida espiritual sería la peor especie de alienación personal. La santidad sería apenas esquizofrenia.

Para ver el absurdo de tales pensamientos, sólo es preciso vol-
ver a san Pablo y leer palabras como éstas: "El amor de Dios ha
sido derramado en nuestros corazones por el Espíritu Santo que
nos ha sido dado" (Romanos 5, 5). No sólo hay amor divino en
nosotros, como principio íntimo del más elevado tipo de vida,
conciencia y actividad, sino que el propio Espíritu de Dios habita
en nosotros como don de Dios, y Él se encuentra allí para ser conocido y amado. Inclusive desea que su presencia sea reconocida
en la plegaria contemplativa. "Pero vosotros lo conocéis (al Espíritu) porque mora con vosotros" (Juan 14, 17).

31. La escena del Cenáculo en Pentecostés, cuando el Espíritu
Santo descendió sobre los Apóstoles en lenguas de fuego, es la re-
futación final de toda la teología prometeica. Aquí vemos la absoluta reivindicación del hombre en su anhelo de vida. El instinto humano vital es un don del Dios vivo que nos dio existencia para que

podamos recibir de Él la plenitud de la vida íntegra. Nos dice: "¿Quién es el hombre que apetece la vida, deseoso de días para gozar de bienes?" (Salmo 33, 13), y la sabiduría de la gracia nos es mostrada, en las Escrituras, como fuente de vida:

"La sabiduría a sus hijos exalta
    y cuida de los que la buscan.
El que la ama, ama la vida,
    los que en su busca madrugan
    serán colmados de contento.
El que la posee tendrá gloria en herencia,
    dondequiera que entre, lo bendecirá el Señor."

(Eclesiástico 4, 11-13)

La unión del cristiano con Dios es exactamente lo opuesto de la proeza prometeica, porque el cristiano no trata de robarle a Dios algo que Dios no quiere que tenga. Al contrario, de todo corazón el cristiano se esfuerza para cumplir la voluntad de Dios e impone sus manos sobre lo que Dios creó para que reciba. ¿Y qué es eso? Nada más que una participación en la vida, la sabiduría, la alegría y la paz de Dios. Éste es el mayor de todos los dones, más elevado que cualquier otro poder. Es la libertad suprema, la realización más perfecta. Los Padres de la Iglesia la denominaron *divinización* (*theosis*) del hombre. Es lo superlativo de la realización personal humana porque, cuando alcanza la perfección, el hombre no sólo encuentra su ser genuino, sino que se descubre místicamente unido con Dios, que lo elevó y trasformó.

La guerra entre la vida y la muerte dentro de nosotros es una guerra en la que combatimos no sólo por nuestra vida y nuestra verdadera libertad, sino también, al mismo tiempo, por la gloria y el Reino de Dios. Porque cuando la verdad de Cristo nos hace libres, entonces somos lo que debemos ser: imágenes del Padre divino, hijos que trabajan con el Padre para establecer su Reino de libertad.

3

Imagen y semejanza

32. Al comienzo, cuando el Señor creó el cielo y la Tierra, el Espíritu de Dios aleteó sobre el abismo. Se hizo la luz. Dios separó la luz de la oscuridad. Separó las aguas. Denominó "cielo" al firmamento. Llamó a las estrellas por sus nombres y ellas se presentaron ante Él exclamando: "¡Aquí estamos!" Y cantaron ante Él al unísono, como Job las oiría cantar. Hubo mares, hubo tierra firme. De la tierra brotaron semillas y hierbas. Los delfines jugaron en las aguas. Raras aves despegaron desde las ciénagas entre la tierra y el mar. Bramidos y cantos nítidos llenaron todos los bosques, alabándolo. Caballos salvajes corrían en tropel como el viento por las praderas. Los claros entregaron sus ciervos mientras el leopardo bajaba al arroyo para saciar su sed. Y cuando el león miró hacia los largos pastos marrones, un millar de antílopes corrió por la orilla del inmenso estuario con su belleza jugueteando en el agua silenciosa.

La gloria, la fortaleza, la gracia, la flexibilidad, la vida de todas las cosas se configuró bajo el mandato de Dios y lo alabó. Él no las contempló porque lo alababan: lo alabaron porque Él las observaba. Su ser, su vida y su belleza existían porque Él las reconocía. Su mismísimo ser, su realidad, su existencia, su movimiento, su vida: todo eso lo alababa porque era determinado por su sabiduría y existía por opción de su libertad. Por lo tanto, Él las bendijo para que pudiesen deleitarse en su ser, para que en este mundo su existencia fuese hermosa y plena de significado. Al ser simplemente, podrían decir: "Dios nos conoce. Dios nos observa. Nos ama y nos bendice." Su ser era obediencia a la opción de Dios.

33. Pero cuando Dios creó al hombre, hizo más que ordenarle existir. Adán, que iba a ser hijo de Dios y auxiliar de Dios en la obra de gobernar el mundo que Él había creado, fue misteriosamente configurado por Dios, como muy frecuentemente nos cuenta el Antiguo Testamento, tal como el alfarero da forma a una vasija con barro: "Entonces Yahveh Dios formó al hombre con polvo del suelo e insufló en sus narices aliento de vida, y resultó el hombre un ser viviente" (Génesis 2, 7).

La vida de Adán, o sea, el "aliento" que concedió vigencia, existencia y movimiento a la persona entera del hombre, había provenido misteriosamente de las profundidades íntimas de la propia vida de Dios. Adán fue creado no como un animal viviente y móvil que obedecía las órdenes y la voluntad de Dios. Fue creado como "hijo" de Dios porque su vida compartía algo de la realidad del propio aliento o Espíritu de Dios. Porque "aliento" es lo mismo que "espíritu" (la palabra latina *spiritus* se relaciona con *spirare*, respirar). La creación de Adán no consistió solamente en darle vida, sino también en concederle amor y sabiduría, de modo que, en el mismo momento en que Adán comenzó a ser, fue "inspirado" por virtud de los dones sobrenaturales y preternaturales que acompañaban todos los dones de su naturaleza. Si se me permite la expresión, la mismísima existencia de Adán sería una especie de "inspiración". Dios se proponía no sólo preservar y mantener la vida corporal de Adán. También alentaría y acrecentaría, hasta más directa e íntimamente, la vida y la actividad espiritual que eran la razón principal de la existencia de Adán. Entonces, desde el principio, Adán estuvo destinado a vivir y respirar al unísono con Dios, porque así como el alma era la vida del cuerpo del Adán, así el Espíritu de Dios —dilatándose en Adán— sería la vida de su alma.

Por consiguiente, para él vivir significaría "estar inspirado", ver las cosas como las veía Dios, amarlas como Él las amaba, conmoverse ante todas las cosas, extasiado por el Espíritu de Dios. Así, para Adán, de ningún modo el éxtasis era una interrupción violenta de la rutina habitual de la vida. En semejante vida, no podría haber violencia ni alienación: en el Paraíso, lo normal es el éxtasis.

34. Cuando nació el primer hombre, por obra del aliento de Dios, las profundidades del centro de su alma perfecta ardían con la silenciosa y magnífica llama de la Sabiduría. Suspendido sobre el brillante abismo de la pureza interna que era perfectamente serena porque se desentendía perfectamente de sí misma, Adán supo —antes de todo lo demás— que poseía la verdad, reluciente en el prístino espejo de su espíritu. Pero más que eso, sabía que su mismo espíritu existía en, por y para la Verdad. Tal Verdad era más que una propiedad trascendental del ser. Se veía a sí mismo en la Verdad que es un Absoluto personal, el Señor de la vida y la muerte, el Dios vivo. Supo que él mismo era real porque lo amaba Aquel que ES.

¿Quién puede abarcar o explicar el misterio de lo que significa despertar a la propia realidad como una consecuencia existencial del hecho de que somos amados por la Realidad misma? Ver, mediante un contacto demasiado cercano para las imágenes o los conceptos, y entender en una visión demasiado íntima para alcanzar un objeto más allá de sí misma, que nuestra actualidad es una chispa de la llamarada infinita del Acto puro que es Dios. Que nuestra existencia y nuestro ser surgen del júbilo pletórico de su Existencia. Sobre todo, que existimos porque Aquel que ES decreta, por una opción infinitamente libre de su propia generosidad, que reflejemos análogamente en nosotros su acto de existir, y que compartamos su libertad.

De esta manera, en el primer momento de su existencia, Adán inspiró el aire de una libertad infinitamente pura; una libertad que Dios vertió directamente en su alma al crearlo. Esta autodeterminación sobrenatural lo hizo capaz de una libertad igual, en cierto sentido, a la mismísima libertad de Dios. Era una libertad contingente, que dependía de su unión con el Espíritu que nos hace libres a todos. Pero aparte de esa condición única de consentir la unión espiritual perfecta, la libertad del hombre no tendría límites. En los horizontes prácticamente ilimitados de esta libertad espiritual que, desde el comienzo, impregnaba el propio ser de Adán mediante un don gratuito de Dios, Adán vio claramente que Dios era todo y que no importaba nada más. Todas las cosas eran hermosas y buenas, pero sólo cuando eran vistas y amadas en Él. Todas las cosas eran de Adán porque Adán pertenecía a Dios; o sea, pertenecía a la Libertad. Era como si la Verdad, el Amor, la Libertad, el Poder, la Alegría y el Éxtasis le hubieran sido dados al hombre para volverse su propio ser, su mismísima naturaleza. La magnífica actualidad trascendente de estos grandes dones estaba, desde luego, muy por encima de la naturaleza del hombre. Le fueron concedidos para constituir su supernaturaleza, pues el hombre, hijo de Dios, fue creado para ser un superhombre. En realidad, iba a vivir como un dios.*

35. El ser entero de Adán, cuerpo y alma, corazón, mente y espíritu, pasión e inteligencia, agrupados en la pureza de una contemplación que al mismo tiempo era suprema y no exigía esfuerzo, le cantaba a Dios dándose cuenta de que estaba colmado de Dios. De este modo, tomó conciencia de sí mismo y del mundo como paraíso de Dios. El gran santo, Adán, el primer hombre, ese Adán que iba a ser nuestro padre, era demasiado fuerte y demasiado honesto para embriagarse con la sabiduría en que nadaba su alma. Pero con la serenidad, la felicidad y la despreocupación de su situación, el primogénito de Dios aceptó la plenitud de su

---

* El concepto de "superhombre" debería quedar en claro con lo que dijimos sobre las tendencias prometeicas en la religión. El concepto nietzscheano de superhombre es el de un hombre que se supera a sí mismo por sus propios poderes. Sencillamente, es la intensificación de lo que está latente en su humana naturaleza. En el concepto bíblico, el hombre se eleva por medio de dones sobrenaturales para los que su naturaleza tiene un potencial pasivo y obediente, dones por los cuales esas potencialidades ocultas alcanzan una realización supereminente.

realidad en Dios y contempló la presencia existencial (el "Rostro") de su Creador, y fue feliz.

Adán, el más bajo en el orden de los seres espirituales y el más elevado de los que tenían lugar en la creación material, conteniendo en sí mismo la totalidad de la raza humana, fue colocado en la encrucijada metafísica de un universo cargado de visión, amor y experiencia espiritual.

36. Sí, entre los espíritus, el espíritu del hombre era el menos glorioso, quiza también por esa misma razón fue el más apreciado y más favorecido por el amor de Dios. Pues al compartir su luz con la menor de sus criaturas espirituales, Dios manifestaba de modo más evidente su dadivosidad y amor. Y sí, entre todo lo corporizado, el hombre era lo más enaltecido, fue para que pudiese contemplar a Dios y alabarlo como sumo sacerdote del universo. Situado en el exacto centro ontológico de la Creación, un poco por debajo de los ángeles pero imbuido de autoridad sobre los seres brutos e inanimados, Adán era el mediador ungido entre Dios y su mundo, el sacerdote que le ofrecía todas las cosas a Dios sin destruirlas ni dañarlas. Porque la destrucción no formó parte del concepto de sacrificio hasta después de la caída. En la unión mística del alma de Adán con Dios, el mundo entero era ofrendado y consagrado en sacrificio a Dios. En la soledad sonora del entendimiento de Adán, fue donde las cosas sin razón se volvieron capaces de adorar a su Creador. En el llameante silencio de la sabiduría de Adán, todo lo que existía, respiraba, crecía, corría y se multiplicaba sobre la tierra estaba unido a Dios mediante la adoración y la comunión. El intelecto y la libertad de Adán, trasfigurados por la presencia del Espíritu creador y santificante del Señor, eran el templo donde todo el mundo material justificaba su existencia al ascender al plano de lo inteligible y válido. Por la mismísima presencia de Dios, el mundo era portentoso y sagrado. Pero el carácter sacro del mundo requería un testigo y un intérprete. Ésta era la función del Adán contemplativo y activo, destinado a "labrar y cuidar el jardín del Edén". Mediante su conocimiento matutino y vespertino de Dios, Adán conocería al Señor no sólo en la contempla-

ción sino en la acción; no sólo en su propia alma sino en la creación material. Dondequiera que mirara, Adán era envuelto por la luz, lo prodigioso y el entendimiento.

Según el plan de Dios, ésa debía ser nuestra condición.

37. En el Génesis, mientras el segundo relato de la Creación muestra a Dios como a un alfarero que modela su arcilla y sopla en su boca el aliento de la vida, el primer relato es menos antropomórfico, más especulativo. Con un lenguaje mucho más misterioso, Dios (Elohím) dice: "Hagamos al ser humano a nuestra imagen, como semejanza nuestra" (Génesis 1, 26). Los Padres de la Iglesia, al meditar sobre esta frase, la interpretaron de variadas maneras. Algunos prefirieron ver la "imagen divina" en el dominio del hombre sobre el resto de la Creación. El hombre se asemeja a Dios en que él también, como Dios, es trabajador, gobernante, creador y padre. Su creatividad, inseparable de su naturaleza, es la "imagen". La "semejanza" —según la cual esa imagen se perfecciona mediante una correspondencia completamente fiel al original— sería entonces el hombre en el uso efectivo de sus poderes como creador, trabajador y padre, tal como los utilizaría Dios. Al gobernar el mundo, el hombre se convierte en un instrumento efectivo y un imitador de su Padre divino. Dentro del mundo que hizo Dios, edifica para sí mismo un mundo nuevo. Construye una "ciudad" —una sociedad— que es un microcosmos donde se refleja perfectamente el orden establecido por Dios, un conjunto viviente y orgánico donde las criaturas de Dios, elevadas sobre su destino originario en la utilización productiva con todas las artes por las que vive el hombre, ensalzan a Dios ya no por sí mismas sino con el hombre, en su sociedad. Así, la sociedad misma se vuelve una prolongación del espíritu santificado del hombre, un templo al que toda la Creación ingresa para alabar a Dios.

Esta teoría concibe al hombre como orientado hacia una vida activa en el mundo. Es un "hacedor", un "artífice" que alaba a Dios con la obra de sus manos y su inteligencia. Y en esta línea de pensamiento, el pecado original sería una perversión de los instintos

activos del hombre; la creatividad se alejaría de Dios para producir y crear, no la sociedad y el templo que la Creación de Dios exige para consumarse, sino un templo del poder del hombre. Entonces, el mundo es explotado para glorificar al hombre, no para
la gloria de Dios. El poder del hombre se vuelve un fin en sí mismo. Las cosas dejan de ser simplemente usadas: se desperdician,
se destruyen. Los hombres ya no son trabajadores y "creadores"
sino herramientas de producción, instrumentos para el lucro. El
extremo máximo de este proceso degenerativo se alcanza cuando
todos los potenciales del hombre se concentran en el desperdicio,
la rapiña y la destrucción, y cuando su sociedad maniobra no sólo contra Dios, sino contra los intereses naturales más fundamentales del propio hombre.

38. Otros intérpretes del Génesis prefieren pensar que en el
hombre la imagen divina está en la orientación de su espíritu hacia la unión contemplativa con Dios. El hombre se asemeja a Dios
mientras sea contemplativo. Esto significa que el hombre no es
sólo preponderantemente un pensador, sino un "vidente", un profeta que clava la mirada en las cosas profundas de Dios y pronun-
cia lo que ve. Es un hombre de oración, un hombre del espíritu.
Algunos Padres encuentran esta característica en la propia estructura del alma humana.

San Agustín busca a Dios en las profundidades más íntimas de
su propio espíritu. Y en la cumbre del realizarse a sí mismo, que
denomina memoria, Agustín no sólo se encuentra a sí mismo sino también la luz mediante la cual se ve tal como realmente es. Y
en esta luz percibe a Dios, de quien proviene la luz. Su captación
de Dios se expande inmediatamente hacia el amor. La caridad mana de la iluminación de las profundidades de su alma y lo sustrae
de sí y más allá de sí mismo hacia Dios, que está entronizado en
la mismísima cumbre de su propio ser personal: el *apex mentis* o
"chispa" del alma.

39. La "imagen" de Dios se encuentra en la estructura del alma: conciencia, pensamiento, amor. Pero en el alma, la "semejanza" de Dios se lleva a cabo cuando tales poderes alcanzan su plenitud y se superactualizan en una experiencia espiritual de Aquel cuya imagen son. Cuando la conciencia, o *memoria*, se vuelve conciencia de Dios, cuando la inteligencia se ilumina con un entendimiento espiritual de Dios, y cuando la voluntad eleva al alma entera en un éxtasis de amor a Dios, entonces la "imagen" se perfecciona en la semejanza. Para comprender mejor la relación entre "imagen" y "semejanza", hagamos una comparación. Una fotografía borrosa de una persona es un retrato o una imagen de ella, pero tiene exceso de exposición, sobreimpresión o cualquier otro defecto. Una fotografía clara no es sólo un retrato de la persona sino una "semejanza" de esa persona, y da una idea exacta de ella. Y así dice san Agustín: "En esta imagen (que es el alma) *la semejanza de Dios será perfecta cuando sea perfecta la visión de Dios*" (*De Trinitate*, XIV C. 15 n. 23).

Esta doctrina está implícita en san Juan, que escribe: "Queridos, ahora somos hijos de Dios (imagen) y aún no se ha manifestado lo que seremos. Sabemos que, cuando se manifieste, seremos semejantes a Él (semejanza), porque lo veremos tal cual es" (1 Juan 3, 2). Esto presupone una teoría del conocimiento que exige que la inteligencia se amolde a su objeto o se identifique con él mediante una noción. Sin embargo, aquí no se trata sólo de una identificación nocional sino de una unión integral del alma y de la persona con Dios. Para este fin fuimos creados a imagen de Dios.

40. Los Padres de la Iglesia hacen otras distinciones entre imagen y semejanza. Unos dicen que la imagen está en nuestra naturaleza y que la semejanza es impartida por la gracia. Otros distinguen entre la *imago creationis*, la imagen de Dios que estaba de hecho en Adán, creado con todos los dones de la naturaleza y de la gracia al mismo tiempo, y la *imago recreationis*, que se manifiesta en el hombre cuando es bautizado y santificado por la presencia del Espíritu divino. En general, los Padres reconocen que la imagen de Dios en el alma es la "sede" de la presencia de Dios en

el alma, un trono que, desafortunadamente, puede permanecer vacío. Pues aunque Dios siempre está presente en todas las cosas mediante su poder, conocimiento y ser, se dice que está "ausente" de los seres espirituales en quienes su presencia no sea, al menos implícitamente, reconocida o deseada. Algunos Padres resaltan la idea de que "la verdadera imagen de Dios es el hombre que hace el bien" (Clemente de Alejandría, *Stromata*, 2, 19). (Cf. Orígenes, *Homilia in Leviticum*, 4, 3: "Si sois compasivos, la imagen de Dios está en vosotros.") Otros, como san Gregorio de Nisa, que sobre este asunto influenció a san Bernardo, son absorbidos por el pensamiento de que en el hombre la imagen divina está constituida especialmente por su libertad.

41. Para resumir todas estas ideas, la imagen de Dios es la cumbre de la conciencia espiritual del hombre. Es la cima más alta de su realización de sí mismo. Esto no se logra sólo con la reflexión sobre su yo (ser esencial) presente: este yo verdadero puede estar muy lejos de ser "real", dado que puede estar profundamente segregado de la propia identidad espiritual profunda. De hecho, para llegar al propio "yo real", la gracia, la virtud y el ascetismo deben habernos librado de ese "yo" ilusorio y falso que creamos mediante nuestros hábitos egoístas y nuestras constantes fugas de la realidad. Para encontrar a Dios, a quien sólo podemos hallar en y a través de las profundidades de nuestra alma, debemos por consiguiente encontrarnos primero a nosotros. Para usar un lugar común del lenguaje, debemos "regresar a nosotros", debemos "recuperarnos". Nuestra vida corriente, trastornada y bloqueada tanto por nuestros malos hábitos de pensamiento y acción como por las malas costumbres de la sociedad en que vivimos, cuando se la compara con la vida real de nuestro ser profundo —la vida que supuestamente estamos viviendo—, es poco más que una especie de existencia semiconsciente y aletargada. Despertar a las realidades del espíritu y descubrir la imagen de Dios en nosotros es, por lo tanto, algo muy diferente de un despertar platónico a la espiritualidad de nuestra esencia humana formal diferenciada de la materialidad concreta que es nuestro lastre.

El enfoque cristiano no establece una división abstracta entre materia y espíritu. Se sumerge en las profundidades existenciales de la unión concreta entre cuerpo y alma que constituye el ser humano, y despejando el templo espiritual de todos esos modos de pensar que traban nuestra visión introspectiva, abre el rumbo hacia una comunión existencial al mismo tiempo con nosotros mismos y con Dios en la realidad espiritual verdadera y subsistente de nuestro ser inviolable. De esta manera, el cuerpo no es descartado (algo imposible de todos modos) sino elevado y espiritualizado. El hombre no es cortado por la mitad, se unifica y se descubre como una sola pieza, más integrado que nunca antes.

42. Finalmente, paremos un momento para considerar el significado de la palabra "espíritu" que estuvimos utilizando. En san Pablo, que marca el tono de todo el pensamiento patrístico sobre este punto particular como sobre tantos otros, el "espíritu" o "*pneuma*" es diferente del "alma" (*psyche*) e inclusive de la inteligencia (*nous*):

> "Ciertamente, es viva la Palabra de Dios y eficaz...
> penetra hasta las fronteras entre el alma y el
> espíritu" (Hebreos 4, 12).

Santo Tomás, al comentar este pasaje, mientras reconoce que san Pablo adopta la división platónica del hombre en cuerpo, alma y espíritu, niega una diferenciación real entre el alma (principio de vida) y el espíritu (principio de entendimiento y libertad). Dice:

> "La esencia del alma es una y la misma, y con tal
> esencia el alma da vida al cuerpo, mientras su poder,
> llamado inteligencia, es el principio del
> entendimiento. Y mediante este poder comprende las
> cosas eternas" (*Lectio 2, in Caput IV Epistolae ad
> Hebraeos*).

En principio, *espíritu* significa simplemente la más elevada facultad espiritual del hombre: la inteligencia, como principio de entendimiento especulativo o práctico. En otras palabras, el espíritu es la cumbre de la naturaleza humana y la fuente de la cual provienen sus actividades más personales, características y elevadas. El Apóstol utiliza la palabra en tal sentido cuando dice: "En efecto, ¿qué hombre conoce lo íntimo del hombre, sino el espíritu del hombre que está en él?" (1 Corintios 2, 11).

De inmediato, el contexto de esta última cita nos introduce al segundo significado de la palabra "espíritu", al cual debemos prestarle la atención más estricta. El "místico" es sencillamente el hombre "espiritual" en el sentido más pleno de la palabra "espiritual" (*pneumatikos*). Aquí el *pneuma* es todavía una facultad humana natural, es todavía la cumbre de la naturaleza del hombre. Pero esa cúspide se ha trasformado. Si bien sigue siendo esencialmente la misma, ha adquirido una modalidad completamente nueva y distinta, por el hecho de que el Espíritu de Dios está presente en ella. Entonces, el *pneuma* no es solamente el espíritu humano, sino el espíritu del hombre unido al Espíritu de Dios. Se trata del espíritu deificado o trasfigurado del hombre, justificado por la fe y activado por la gracia divina, y viviendo una vida de caridad. Las acciones de este *pneuma* son estrictamente nuestras, y sin embargo al mismo tiempo pertenecen a Dios. Cuando un hombre reza "en espíritu" indudablemente es él quien reza, pero también el Espíritu de Dios reza en él, guiándolo y mostrándole cómo comulgar con Dios más allá del lenguaje y el entendimiento. El *pneuma* es el espíritu del hombre dinamizado y dirigido por el Espíritu de Dios, liberado por la fe profunda e iluminado por la sabiduría del propio Dios.

43. Aunque la palabra "pneuma" signifique a veces el espíritu del hombre sin Dios, y a veces el espíritu de Dios sin el hombre, el significado más importante del término es aquel en que el espíritu humano es expuesto en la unión más íntima posible con el Espíritu de Dios, de modo que en verdad ambos sean "un solo espíritu". "Mas el que se une al Señor, se hace un solo espíritu con Él" (1 Corintios 6, 17).

En este sentido particular, a través de estas meditaciones, hablamos del hombre "encontrándose en Dios". El hombre no se conoce plenamente a sí mismo mientras está encerrado en su propio yo individual. Su identidad sale a la luz solamente cuando se confronta plenamente con lo "otro". Somos creados para la libertad, para las opciones y las dedicaciones personales implícitas en la forma de amor más elevada. Descubrimos y desarrollamos nuestra libertad precisamente al tomar esas decisiones que nos sacan de nosotros para encontrarnos con los otros tal como realmente son. Pero somos incapaces del conocer y experimentar la realidad adecuadamente, a menos que veamos las cosas a la luz de Aquel que es Todo Ser, todo lo real. El Espíritu de Dios, penetrando e iluminando nuestro espíritu desde nosotros mismos, nos enseña los rumbos de una libertad que es el único acceso al contacto espiritual vital con quienes nos rodean. En este contacto, nos damos cuenta de nuestra autonomía, de nuestra identidad. Descubrimos quiénes somos realmente. Una vez hecho el descubrimiento, estamos preparados para el amor y el servicio a los demás.

4

Libertad de palabra
(Parrhesia)

44. La doctrina patrística de la creación del hombre a imagen y semejanza de Dios proclama que la Creación fue verdaderamente un triunfo de la vida. Cuando Dios volcó su hálito en el rostro de Adán, el hombre entero asumió la Vida: no sólo su cuerpo, no sólo su mente, sino también su espíritu, donde estaba oculta la imagen de Dios. Y la imagen de Dios vivía con la semejanza de Dios, o sea, con la contemplación. El espíritu de Adán vivía mediante la vida, la sabiduría, el conocimiento y el amor de su Creador y Santificador. Dios vivía en él y él vivía en Dios. La contigüidad de esta unión se nos aclara al considerar el concepto paulino de *pneuma*.

45. Cuando afirmamos que la creación del primer hijo de Dios fue un triunfo de la vida, damos a entender que en el amanecer de la historia del hombre todo aspecto del ser humano fue exaltado y santificado. La existencia íntegra del hombre, no sólo en sus vínculos con Dios sino en sus relaciones con su propia especie (Eva) y con el resto del mundo creado, se trasfiguraron mediante discernimientos divinos y un darse cuenta de la realidad y el valor recónditos de todo lo que había salido de la mano de Dios. Adán

no fue sólo un contemplativo sino, como ya vimos, un hombre de acción. Pues podemos combinar ambas teorías de la imagen divina en una sola, y afirmar con las dos escuelas patrísticas que Adán es al mismo tiempo vidente y hacedor, profeta y rey, padre y granjero. En él se combinan las vidas de la contemplación y la acción, como siempre debió ocurrir, en una armonía perfecta posibilitada por el hecho de que la contemplación preserva sus justos derechos a la primacía por la vida donde Dios permanece siempre entronizado, en una luz trasformadora y unificante, en la cumbre del espíritu humano.

46. El concepto de la intimidad del hombre con Dios, así en el trabajo como en la contemplación, a veces fue algo que los Padres interpretaron con la palabra griega "*parrhesia*", cuya traducción más apropiada tal vez sea "libertad de palabra". En realidad, este término representa los derechos y privilegios del ciudadano en una ciudad-estado griega. Esta "libertad de palabra" es al mismo tiempo el deber y el honor de expresar el propio pensamiento plena y francamente en las asambleas civiles por las que se gobierna el Estado. La narración del Génesis nos cuenta la "libertad de palabra" de Adán con Dios no tanto describiéndola directamente sino diciendo qué la remplazó cuando le fue suprimida. La *parrhesia* de Adán en el Edén se conoce por deducción: está implícita. La notamos por el contraste de su situación después de la caída con lo que estaba implícito antes.

Esto resulta claro en la conversación con Dios que sigue a "la caída". Después regresaremos a la escena en que Adán y Eva se avergüenzan de su desnudez y se hacen "ceñidores" para esconderse ante Dios. Éste fue el primer paso de aquella alienación personal resultante de la negativa del hombre a aceptarse tal como realmente es, negativa que constituye la esencia misma del pecado original.

"Oyeron luego el ruido de los pasos de Yahveh Dios
que se paseaba por el jardín a la hora de la brisa, y

> el hombre y su mujer se ocultaron de la vista de Yahveh
> Dios por entre los árboles del jardín: Yahveh Dios
> llamó al hombre y le dijo: '¿Dónde estás?' Éste
> contestó: 'Te oí andar por el jardín y tuve miedo,
> porque estoy desnudo.' '¿Has comido acaso del árbol
> del que te prohibí comer?'" (Génesis 3, 8-11).

Antes de la caída, Adán, príncipe de la Creación, conversaba familiarmente con Dios en el sentido de que lo encontraba constantemente en instantes de intuición mística, tanto en la realidad existencial de sus propias profundidades espirituales como en la realidad de la creación objetiva. Por lo tanto, andaba por la Tierra como quien no tiene ningún amo por debajo de Dios. Bajo Dios, podía ser consciente de su propia autonomía, como sacerdote y rey de todo lo que Dios había creado. En la sencillez y el orden de su propio ser no conocía la rebelión, y también era obedecido por todas las criaturas. Su mente tenía un conocimiento perfecto de sí mismo y del mundo que lo rodeaba, y su voluntad funcionaba en concordancia perfecta con su visión de la verdad. Esta suprema armonía de todos sus poderes fluía desde la unidad de ellos en la cumbre del propio ser de Adán, en el *pneuma*, que era uno con Dios.

47. La imagen de *parrhesia* que nos propone a un Adán conversando familiarmente con un Dios que descendía a pasear por las tardes en el jardín del Paraíso resulta curiosamente eficaz para ponernos al corriente de las implicancias espirituales de la unidad de Adán consigo mismo, con Dios y con el mundo que lo rodeaba. La "libertad de palabra" a que se refieren los Padres es una expresión simbólica de esa adaptación perfecta a la realidad, debida al hecho de que el hombre era exactamente lo que Dios se proponía que fuera: es decir, era él mismo perfectamente. El ser perfectamente uno mismo, en el más elevado sentido místico con que utilizamos tal expresión en estas páginas, no sólo le dio acceso al hombre a todos los poderes latentes de su rica naturaleza humana, no sólo lo situaba en comunicación completa con todas las co-

sas creadas dándole dominio sobre ellas, sino que finalmente lo mantenía en un contacto constante y sin impedimentos con el Espíritu de Dios.

Pero si la metáfora de *parrhesia* expresa la efectivización perfecta de su unión sobrenatural con el Espíritu de Dios, entonces al mismo tiempo expresa la unión y la cohesión de todos los dones naturales, preternaturales y sobrenaturales que hicieron del hombre lo que Dios se proponía que fuera. Por eso, la *parrhesia* simboliza la comunicación perfecta de la inteligencia del hombre con Dios mediante el conocimiento (*gnosis*) y la contemplación (*theoría*). También simboliza la comunión perfecta de su voluntad con Dios por medio de la caridad. Los sentidos y las pasiones de Adán estaban perfectamente subordinados a su inteligencia y a su voluntad, y éstos, a su vez, estaban unidos perfectamente al Espíritu de Dios.

48. Como lo indica santo Tomás,* el hecho de que la inteligencia de Adán estuviera perfectamente ligada a Dios, hacía que sus facultades inferiores estuviesen perfectamente subordinadas a su inteligencia. Y ello, a su vez, daba lugar a la subordinación perfecta del cuerpo al alma. En una palabra, uno de los resultados más significativos de la unión espiritual de Adán con Dios era el hecho de que espiritualizaba y divinizaba por completo no sólo su espíritu sino también su cuerpo. En consecuencia, mientras su alma no estuviera separada de Dios, su cuerpo no podía ser separado de su alma. La inmortalidad era el resultado directo de la *parrhesía* de Adán, y era una de las manifestaciones más elocuentes de su "ciudadanía" entre los seres espirituales que están al servicio de Dios en los Cielos. Pero simultáneamente, la muerte del cuerpo, al separarse del alma, era sencillamente la manifestación externa del alma desprendiéndose de Dios, la verdadera muerte espiritual que Adán sufrió al pecar.

---

* Cf. *Summa Theologica*, I. Q. 95, a. 1; y Dom Anselme Stoltz, O.S.B., *Théologie de la Mystique*, Chevetogne, 1947, p. 114.

49. *Parrhesia* era la libre comunicación del ser con el Ser, la comunión existencial de Adán con la realidad que lo circundaba en y a través de la realidad de Dios que advertía constantemente dentro de sí. Todo su poderío y significado derivaba de la unión de su alma con Dios en "un espíritu único". De esta unión fluían los dones de sabiduría, contemplación y ciencia sobrenaturales, la tranquilidad de una naturaleza impasible, naturaleza que no podía morir mientras persistiera la unión. La vida reinaba en Adán mientras la verdad lo libraba del error, la ignorancia, el sufrimiento, la confusión, el desorden y la muerte. Pero para que la verdad reinara en su alma, Adán debía aceptar constantemente la iluminación de la luz de Dios en su interior. Debía consentir en verse y ver todas las cosas bajo esa luz pura y bajo ninguna otra. Permanecía en contacto con Dios, consigo mismo, y con la realidad circundante mientras no permitiera que alguna mentira se interpusiera entre él y la luz. Y su inteligencia, que hasta entonces no había sido engañada, sencillamente admitió la tiniebla y se apartó de la luz bajo las órdenes de su libre albedrío, que seguía siendo capaz de rechazar la verdad. Por lo tanto, la caída de Adán fue la aceptación voluntaria de la irrealidad, el consentimiento en admitir y hasta preferir una mentira a la verdad sobre él mismo y sobre su vinculación con Dios. Esta mentira le arrebató la inocencia por medio de la cual no veía nada más que el bien en sí mismo, en las cosas y en Dios, y lo dotó con el poder para conocer el mal, no sólo especulativamente sino por experiencia. El experimentar la falsedad destruyó en él el gusto instintivo por la verdad espiritual. La ilusión irrumpió para arruinar el flujo de comunicación existencial entre su alma y Dios. Fue el fin de la *parrhesia*, no porque Dios desistiera de conversar con Adán, sino porque Adán, despojado de su sinceridad, avergonzado de ser lo que era en realidad, decidió escapar de Dios y de la realidad, que ya no pudo encarar sin un disfraz.

50. Si bien, ante todo, Adán era un contemplativo, el Génesis parece colocar todo el énfasis en su *vida activa* en el Paraíso. En el Paraíso no había antagonismo entre acción y contemplación. Si recobramos en Cristo la vida paradisíaca de Adán que Él nos ha

restituido, se supone que nosotros también descubriremos que la oposición entre ambas acaba desvaneciéndose. Por consiguiente, resulta interesante considerar a Adán activo en el Jardín del Edén y descubrir que hasta su actividad tenía un carácter esencialmente contemplativo, dado que estaba completamente impregnada de luz y significado debido a su unificación con Dios.

"Yahveh Dios —dice el Génesis (2, 15)— tomó pues al hombre y lo dejó en el jardín del Edén para que lo labrase y cuidase." En este espléndido texto, la frase es más profundamente misteriosa que cualquier otra. En primer lugar, podríamos esperar que tenga un sentido espiritual, cuyo significado sería que la tarea principal de Adán consistiría en preservar su unión personal con Dios, su propio contacto perfecto y original con toda la realidad en su origen. Sin embargo, los Padres también la interpretan literalmente, ya que desde el principio el hombre iba a proceder como instrumento de Dios en el cultivo y el desarrollo de la creación natural.

51. San Agustín, que parece haber sido muy aficionado a la labranza, a la horticultura y a todas las formas de labor manual asignadas tradicionalmente a los monjes, se apresura a indicar que si Adán trabajaba hasta en el Paraíso, bajo ningún concepto debe considerarse el trabajo como algo nocivo. Por su naturaleza, tampoco es una penitencia por el pecado. Esto lo demuestra a partir de la naturaleza misma del trabajo. Incluso en nuestro estado de caída, cuando la tierra produce "espinos y abrojos" hay, dice san Agustín, "algunos hombres que encuentran tanto deleite en la horticultura que les resulta un gran castigo ser apartados de ella para cualquier otra ocupación".*

La actitud total de Adán hacia el trabajo era desinteresada. No precisaba trabajar para vivir, sino que lo hacía porque "su alma lo deseaba" (dice san Agustín en el mismo texto). Su motivo para trabajar estaba en usar un potencial que Dios le había dado y, al servir a Dios con su inteligencia e idoneidad, alababa a Dios con

---

* *De Genesi ad Litteram*, VIII, 8. (Las citas de Agustín que siguen de inmediato son todas de este texto.)

mayor perfección, y mediante ese hecho elevaba su existencia a un nivel más alto de realidad y de valor. El trabajo de Adán era un espeto importante de su comunión existencial con la realidad de la naturaleza y de lo sobrenatural que lo rodeaba. Era una conversación con Dios, un momento de la *parrhesia* de Adán. Estas son algunas de las frases con que san Agustín lo describía.

"Cualesquiera sean ahora los placeres de cultivar un huerto, en aquellos días (en el Edén) sus delicias eran todavía mayores, cuando no existía nada que constituyera un obstáculo, fuese del Cielo o de la Tierra. Entonces no había aflicción por el trabajo sino alborozo de la voluntad cuando todas las cosas creadas por Dios, con la ayuda del trabajo humano, generaban frutos más exquisitos y más abundantes... Por eso el Creador era alabado con mayor copiosidad por haberle dado al alma racional, ubicada en un cuerpo animal, la capacidad de trabajar y el poder de hacerlo tanto como su alma lo deseara, en vez de la necesidad de trabajar contra su voluntad tanto como su cuerpo lo exigiera."

La clave de toda esta concepción se encuentra en la libertad espiritual disfrutada por Adán, en la tranquilidad del alma que lo hacía capaz de trabajar "tanto como su alma lo deseara". Aquí, la palabra *deseo* está libre de la tiranía de la pasión.

El trabajo que los hombres hacen impulsados por la ambición o el amor al dinero es una cosa totalmente distinta. Puede "gustarles", pero sin embargo es una esclavitud. Su orientación es exactamente la opuesta de la que consideramos aquí. El trabajo de Adán era de adoración. El trabajo de quienes trabajan impulsados por la pasión o la codicia no es adoración sino contienda, no es libertad (psicológicamente) sino compulsión. Si nuestro trabajo es volvernos contemplativos, debemos liberarnos de las cosas lo suficiente para ser capaces de respetarlas en vez de explotarlas solamente. No sólo debemos usarlas, sino valorar su uso y apreciarlas justamente por lo que son en realidad. Debemos entender lo que hacemos y debemos ser capaces de medir y controlar los efectos de nuestras acciones, no únicamente sobre las cosas y las personas inmediatamente involucradas, sino también sobre otras conectadas con ellas. Debemos trabajar con un sentido de responsabilidad hacia las cosas que viven y crecen, y hacia las personas con las cuales vivimos. Debemos trabajar con cierta conciencia sobre el valor de la sociedad humana, que es la beneficiaria de nuestras labores. En una palabra, nuestro trabajo debería ser un diálogo con la realidad y, por lo tanto, una conversación con Dios. Sin embargo, esto no es viable si, ante todo, no se efectúa con alguna medida de inteligencia, con humildad, y sobre todo con cierta captación de las leyes de causa y efecto, y alguna atención a las consecuencias remotas de nuestras acciones.

La idea del trabajo como diálogo con la realidad y con Dios la expresa bellamente san Agustín, quien dice:

"¿Qué espectáculo mayor y más maravilloso hay, o dónde puede la razón humana establecer un diálogo mejor con la naturaleza de las cosas, que cuando las semillas fueron plantadas, los tallos consolidados, los arbustos trasplantados, los injertos encajados? Es como si uno interrogara a cada raíz y semilla, preguntándole qué puede hacer o no, de dónde deriva el poder para hacerlo, o por qué no puede concretarlo; qué ayuda recibe de su propia energía interna, y cuál de la ayuda y diligencia externas. Y, en este diálogo, llegamos a entender que ni quien planta ni quien riega representan algo, pues es Dios quien promueve el crecimiento. Porque el trabajo que se aplica exteriormente resulta fecundo sólo por la acción de Aquel que creó, gobernó y ordenó todo desde adentro."

Aquí, Agustín deduce que Adán obtuvo el conocimiento científico mediante la experimentación, pero que también poseía una ciencia infusa o mística (*gnosis*) que aparece en la escena donde nombra a todos los animales. La misteriosa y primitiva belleza del texto, con sus imágenes antropomórficas, nos expresa mejor que todo la unión de la mente de Adán con Dios: "Y Yahveh Dios formó del suelo todos los animales del campo y todas las aves del cielo y los llevó ante el hombre para ver cómo los llamaba, y para que cada ser viviente tuviese el nombre que el hombre le diera" (Génesis 2, 19).

En un poema humorístico y profundamente existencial, Mark Van Doren resaltó el hecho de que los animales no son conscientes para nada de haber sido denominados y clasificados por los hombres.

"¿Qué nombres? No escucharon el sonido,
ni en su silencio pensaron tal cosa.
No se les notificó que están vivos.
Ni preguntan quién los puso en marcha."

El poeta prosigue recordándonos que los animales "sencillamente son" y comenta que si hablaran nos dirían que lo mismo ocurre en verdad con nosotros. La información podría resultar tan desconcertante, que nuestro conocimiento objetivado de nosotros mismos se derrumbaría junto con todo lo demás en la "conclusión" de nuestro mundo intencional.

"Sencillamente son. Igual que nosotros;
y si ellos hablaran lo dirían;
podríamos escucharlos, y el mundo
se descrearía de un solo golpe."

La intuición de la línea final es más honda de lo que el humor parece indicar. De hecho, es bastante cierto que la denominación de los animales por parte de Adán fue una segunda creación, una creación conceptual e intencional de todos ellos, que les dio una existencia objetiva y comunicable en las mentes de los hombres.

52. Uno de los actos más significativos de esa *parrhesía* que describimos es éste en el que Dios inicia a Adán en el mismísimo misterio de la acción creativa. Pero ¿cómo? No violentando su naturaleza humana, su inteligencia y su libertad, ni usándolo como agente para obtener algo de la nada. Al contrario, la función de Adán consiste en contemplar la Creación, verla, reconocerla, y darle así una existencia nueva y espiritual dentro de sí. Ante todo, imita y reproduce la acción creadora de Dios repitiendo, dentro del silencio de su inteligencia, la palabra creadora mediante la cual Dios hizo cada cosa viviente. El punto más interesante de la narración es la libertad concedida a Adán en su tarea de "creación". El nombre es decidido, elegido, no por Dios sino por Adán. "Para que cada ser viviente tuviese el nombre *que el hombre le diera.*" Es como si el Señor esperara que Adán otorgase esta perfección accidental a su mundo creado; como si, al reservar por completo en la libertad del hombre un toque final, Dios decretara qué debía ser cada cosa y confinara su ser en el santuario de su divino silencio. A Adán le correspondía extraer del silencio la noción de cada ser y elevarla a la luz de su inteligencia personal, acuñando la palabra flamante que significaría la correspondencia entre el *pensamiento* en la mente de Adán y la *realidad* en la mente de Dios. Así, la ciencia de Adán no fue sólo un descubrimiento de nombres sino de *esencias.*

53. La vida contemplativa de Adán, que se había iniciado con un reconocimiento de sí mismo en Dios y de Dios en él, y que se expandiría a un diálogo entre Adán y Dios a través de la Creación, llega ahora a nuevo nivel donde el hombre no sólo aprende a mirar las cosas y a verlas tal como son, sino que adquiere medios para trasmitir a otros su idea de ellas. Aquí se inicia el diálogo con los demás hombres.

Después de haber extraído a los seres vivientes desde la nada, Dios saca palabras, nombres y signos de las profundidades de la libertad de Adán. A su vez, ellas florecerán en muchos tipos de actividad intelectual creativa. Ante todo, se convertirán en poemas que expresarán las indecibles intuiciones del hombre sobre la realidad oculta de las cosas creadas. Se volverán filosofía y ciencia, con las que el hombre objetivará y universalizará su visión privada del mundo hacia sistemas de pensamiento que puedan ser compartidos por todos. Finalmente, las palabras se volverán signos sagrados. Adquirirán el poder de apartar ciertos elementos de la creación y de hacerlos sagrados. Pues cada criatura de Dios buena en sí misma, "queda santificada por la palabra de Dios y por la oración" (1 Timoteo 4, 5). O sea que además de ser en su propia naturaleza signos de Dios, su Creador, las criaturas pueden convertirse con la palabra humana en signos sagrados y hasta en sacramentos. Pueden obtener el poder no sólo de manifestar la fortaleza y el ser de Dios mediante su propia existencia y sus cualidades sino que, sobre todo, pueden ser signos de la infinita trascendencia de Aquel que es Santo, y pueden ser símbolos de la oculta acción inmanente del Santísimo en su universo creado.

Ésta es una cuestión de suprema importancia. El lenguaje y el pensamiento del hombre necesitan elevarse por encima del nivel de los diversos conceptos que, si bien pueden brindarnos una información precisa, no abordan el misterio existencial de las cosas que representan. ¿Cuánto más fracasan en sondear el abismo de la realidad infinita en el Ser de Dios? Sin embargo, cuando renuncian a su aspiración de circunscribir todo lo que significan dentro de límites nítidos y definidos, las palabras pueden seguir andando y llevarnos con ellas hacia el misterio de Dios y hacia el santuario de Aquel, que es Santo. Pueden manifestar algo de su presencia dentro de nosotros y, más que eso, hasta pueden hacer que Él esté presente en nosotros bajo esa luz especial que es la virtud de la fe. "La fe viene de la predicación, y la predicación, por la palabra de Cristo" (Romanos 10, 17).

54. Mediante las palabras humanas, cargadas por el don divino con el misterioso poder santificante que pertenece sólo al Dios santo, la santidad puede trasformarse en algo visible y tangible. Las realidades sensibles y materiales pueden convertirse en una cuestión sacramental así como otros signos de la unión del hom-

bre con Dios (sacramentales). Los ritos y la liturgia del hombre adquieren el poder de evocar el misterio divino que el ojo no vio, que el oído no oyó y que no ha ingresado al corazón del hombre para que éste lo conciba. Por consiguiente, las palabras se vuelven semillas de oración y de contemplación, instrumentos de la trasfiguración del hombre en la semejanza del Dios santo a quien nadie puede ver sin morir. Las palabras y los símbolos residen en las profundidades del reservorio de conocimiento y memoria heredados por el hombre y, hasta en las almas humanas que olvidaron por completo a Dios, estas semillas arquetípicas de divinidad y misterio todavía permanecen ocultas, a la espera de germinar como granos de trigo echados a un lado miles de años atrás, con un faraón debajo de su pirámide.

55. La comprensión personal y directa de las realidades sagradas por parte de cada alma individual es una experiencia incomunicable. La visión mística de Dios no puede ser transmitida de un padre a su hijo. Pero la aptitud para tal visión puede heredarse. La capacidad de percibir la santidad de Dios en su creación, y de responderle con adoración, más o menos está siempre presente. Necesita tomar vida por medio de signos y símbolos apropiados. Pero, nuevamente, la capacidad de los signos y los símbolos para afectar con provecho al alma humana está limitada por una mayor o menor sensibilidad al simbolismo. Esta sensibilidad puede estar siempre virtualmente allí, pero su realidad es algo que se pierde muy fácilmente, aunque no es muy difícil de lograr. La sensibilidad al simbolismo religioso nunca estuvo tan muerta como en nuestra época, inclusive, y tal vez especialmente, entre los hombres religiosos.

56. Las palabras pierden proporcionalmente su capacidad de dar a entender la realidad de la santidad según los hombres se enfoquen en el símbolo y no en lo que éste simboliza. El sentido de lo sagrado, de lo "numinoso", sin lo cual difícilmente puede haber una religión real o viviente, depende por entero de nuestra idonei-

dad de trascender nuestros signos humanos, de penetrarlos e ir más allá de su inteligibilidad manifiesta hacia la oscuridad del misterio, para captar la realidad que pueden sugerir pero que jamás contienen por completo. Por lo tanto, la mera repetición de fórmulas consagradas no es la santidad en sí. Pero las palabras son las únicas llaves comunes con que podemos abrir, uno tras otro, los portales del santuario y dirigirnos unos y otros al sanctasantórum donde cada cual debe introducirse en la oscuridad sagrada con amor y con temor, para encontrar al Señor a solas.

57. Adán nombró a los animales antes de tener alguien con quien conversar. Esto sugiere que los autores del Génesis consideraron que las palabras tienen otra función además de la sencilla comunicación, y parecería que esta otra función es primordial. Adán nombra a los animales, no para beneficio de ellas, ni para beneficio de cualquier otro ser humano, y ni siquiera para el suyo. Pero las palabras son extraídas de su alma por Dios debido a que hay un valor absoluto en las palabras como testigos de las esencias que son estables y eternas. La función primordial de la palabra es contemplativa antes que un testimonio comunicacional de lo que ya existe. Inclusive, si no hablamos con alguien, o pensamos en términos de una conversación con otros, la palabra mental, revestida con su sonido apropiado, se alza en las profundidades de nuestra inteligencia para dar testimonio de la realidad y para adorar a Dios. En este sentido, la palabra es una especie de sello sobre nuestra comunión intelectual con Él, antes de que se vuelva un medio de comunicación con los otros.

58. La creación de Eva, salida del costado de Adán, nos conduce a otro nivel de misterio y contemplación. En la creación de la sociedad humana, tenemos a la vez el símbolo y el tipo de sociedad perfecta, la Iglesia, unión de la humanidad con Dios en Cristo, que es "el Misterio" por excelencia.

Adán advirtió por primera vez su comunión existencial con Dios cuando despertó de la nada en el primer momento de su existencia para encontrarse creado a imagen y semejanza de Dios. Despertó a la realidad de Dios en las cosas vivientes cuando se dio cuenta de su misión como trabajador en la Creación de Dios. Aprendió a ver y entender a otros seres conscientes, y cuando creó el lenguaje descubrió otros medios de comunión con la santidad oculta de Dios. Al instante, despierta a la forma más perfecta de la comunión existencial en el amor humano.

El Señor "hizo caer un sueño profundo" sobre Adán, le quitó una de las costillas, rellenó el vacío con carne y formó una mujer, dado que no era bueno que el hombre estuviera solo. Adán despertó, y nuevamente probó que para él la función primordial del lenguaje era dar testimonio del significado oculto de las cosas en vez de "charlar" sobre ellas. Adán no era pragmático y por eso, no bien ella fue creada, no comenzó a conversar con la mujer, sino que pronunció un poema sentencioso para sí mismo y a la vez para todo el universo: "Entonces éste exclamó: 'Ésta sí que es hueso de mis huesos y carne de mi carne. Ésta será llamada mujer, porque del varón ha sido tomada.' Por eso deja el hombre a su padre y a su madre y se une a su mujer, y se hacen una sola carne" (Génesis 2, 23-24).

El misterio que tuvo lugar en su éxtasis era el misterio de una soledad que se volvía sociedad; el misterio de la persona que se encuentra reproducida y completada en alguien que es "igual" pero sin embargo "otro". Adán, perfectamente íntegro y aislado en sí mismo como persona, precisa sin embargo hallarse perfeccionado, sin división o disminución, mediante el don de sí mismo a otro ser. Necesita brindarse para conquistarse. La ley del renunciar a sí mismo no es simplemente una consecuencia del pecado, pues la caridad constituye la regla fundamental del universo moral entero. Sin ella, el hombre será siempre menos que él mismo, dado que siempre estaría aprisionado en él mismo. Será menos que un hombre. A fin de ser plenamente lo que es, necesita amar a alguien como a sí mismo. Para realizarse, tiene que arriegar la disminución y hasta la pérdida total de su realidad, en favor de otro ser, pues para salvar su vida debe perderla. No somos plenamente nosotros mismos hasta que nos damos cuenta de que aquellos a los que amamos verdaderamente se vuelven nuestros "otros". Al entenderlo, somos capaces de percibir que Dios también nos ama así como Él se ama. Sin este entendimiento, no puede haber comunión perfecta.

59. En el misterio del amor social se encuentra la realización del "otro", no sólo como alguien amado por nosotros, para que podamos perfeccionarnos, sino también como alguien que puede volverse más perfecto al amarnos. La vocación por la caridad es un llamado no sólo al amor sino a ser *amado*. A quien no le importa en absoluto si es o no amado, en definitiva no se interesa por el bienestar del otro y de la sociedad. Por lo tanto, no podemos amar salvo que consintamos ser amados recíprocamente.

La vida del "otro" no es sólo un complemento, un agregado a la nuestra. Nuestro acompañante es nuestro ayudante y, ayudándonos unos a otros, glorificamos a Dios. Lo que se advierte separado e indivisible en su naturaleza única y en Tres Personas, debería verse refractado y multiplicado en las muchas naturalezas subsistentes de los hombres unidos entre sí en la sociedad. Que no se vea así es debido a que toda la humanidad cayó y se fragmentó con Adán, y los pedazos de ese gran espejo roto que debió reflejar a Dios en la sociedad humana sólo pueden recomponerse de nuevo en Aquel que es nuestra paz, reagrupando los fragmentos en una unidad.

Somos uno en el nuevo Adán: Cristo.

"Mas ahora, en Cristo Jesús, vosotros, los que en otro tiempo estabais lejos, habéis llegado a estar cerca por la sangre de Cristo. Porque él es nuestra paz: el que de los dos pueblos hizo uno, derribando el muro que los separaba, la enemistad, en su carne" (Efesios 2, 13-14).

Pero en Eva, Adán reconoce no sólo a la compañera sino a la esposa. La unión de dos en una carne no es fundamentalmente para el consuelo y el apoyo mutuo. Es sobre todo, creativa y fecunda. No es sólo un reconocimiento contemplativo de la vida, sino una producción activa de vida: no sólo un conocimiento de la vida sino el brindarla, un compartir y un comunicarse que eleva el matrimonio a ese sublime nivel espiritual donde la acción y la contemplación son capaces de fusionarse en la brillante oscuridad del misterio.

60. En la unión del hombre y la mujer, los símbolos del misterio de la santidad de Dios ya no son las palabras, sino las personas. Dios aparece en ellas como sagrado, no sólo en el sentido de que la vida misma nos parece sagrada, porque es misteriosa, sino en el sentido de que la unión productiva de quienes se aman humanamente entre sí es un símbolo sagrado del dar infinito y una difusión de la bondad que constituye la ley interna de la propia vida de Dios. Sin embargo, como la sacralidad de Dios es precisamente su trascendencia, el matrimonio de seres humanos es un símbolo sagrado en este otro sentido: nos recuerda el hecho de que en el Reino de los Cielos, "ni ellos tomarán mujer ni ellas marido" (Marcos 12, 25).

Sobre todo, en este elocuente misterio del matrimonio, como nos dice san Pablo, Adán vio algo de la unión de Cristo y la Iglesia (cf. Efesios 5, 32). La manifestación más elevada de la santidad de Dios no se encontrará en las llameantes teofanías del Antiguo Testamento sino en la caridad de Cristo hacia los hombres. El amor matrimonial transfigurado por el sacramento de la Iglesia reproduce algo de este amor con que Cristo santificó a su Iglesia, y el misterio natural de la comunicación de la vida por el amor se vuelve un misterio sobrenatural de la comunicación de la santidad mediante la caridad. El amor corporal y espiritual que se hace fuente de vida física es simultáneamente egoísta y altruista. El amor espiritual que es manantial de santidad es completamente desinteresado y totalmente sagrado. La fertilidad del amor físico es necesaria en el sentido de que obedece a una demanda ciega del instinto natural. La fecundidad del amor espiritual siempre es perfectamente libre, y su libertad es proporcional a su altruismo. Nada requiere meramente para sí, salvo la libertad y la capacidad de dar. Ya en la mujer que vio antes frente a él, y en el amor que lo unió con ella, Adán vio también la caridad y el sacrificio personal que permitirían a los seres humanos amarse entre sí espiritualmente y vivir como un solo cuerpo en Cristo.

61. Aunque en su unión con Eva, Adán reconoció el matrimonio de la Divinidad y la humanidad en Cristo, probablemente no previó lo que sería el aspecto más profundo de la *parrhesia*; un aspecto que jamás se hubiese revelado sin su propio pecado. En verdad, es algo maravilloso que el inocente Adán se aproxime a Dios confiadamente y le hable al Santísimo (sin olvidar su santidad trascendente) como a un Padre y en cierto sentido como a un igual (pues Él nos ha llamado sus amigos, y no existe amistad auténtica sino entre iguales). Pero la *parrhesia* es mucho más maravillosa en los pecadores, que están forzados a reconocerse sobrecargados de culpa, hombres que ofendieron a Dios y huyeron de su vista porque preferían sus propias ilusiones antes que su verdad. La gran paradoja es que Dios viene a la Tierra no para buscar la compañía de los justos sino la de los pecadores. Porque cuando el Señor viene al mundo como Salvador, los hombres con quienes Él procura dialogar familiarmente son precisamente los pecadores, porque Él los ama y quiere que sean sus amigos.

Reconocer esta verdad es reconocer al mismo tiempo que ningún hombre, sea bueno o malo, puede reclamar en estricta justicia el amor de Dios, porque el amor no es algo así. Debe brindarse como un don libre, o de ninguna manera. El pecador que está dispuesto a aceptar el amor como un don de Dios está mucho más próximo a Dios que el "justo" que insiste en ser amado por sus méritos. Pues el primero pronto dejará de pecar (dado que será amado por Dios), mientras el último probablemente ya comenzó a pecar.

¡Qué sabia es la Iglesia cuando canta la "feliz culpa", la *felix culpa* de Adán! Recordamos la pregunta que Jesús le formuló a Simón: "Un acreedor tenía dos deudores: uno debía quinientos denarios y el otro cincuenta. Como no tenían para pagarle, perdonó a los dos. ¿Quién de ellos lo amará más?" (Lucas 7, 41-42). Después, el Señor comenta: "A quien poco se le perdona, poco amor muestra" (Lucas 7, 47).

62. Tal vez, el misterio de la confianza del hombre que se aproxima libremente a Dios es una cuestión de curiosidad especulativa, cuando consideramos la *parrhesia* de Adán en el Edén. Pero cuando observamos la libertad con que el pecador se aproxima a Dios en y a través de Cristo, el asunto cambia por completo: está próximo a nosotros, ¡y puede resultarnos una cuestión de experiencia! Además, es la única *parrhesia* que experimentaremos alguna vez. La "libertad de palabra" con que Dios y el hombre dialogan ahora familiarmente es y sólo puede ser la conversación que inicia el perdón, o lo implica. La *parrhesia* que puede ser nuestra es un don mayor que el de Adán. Llega a nosotros en la terrible pero sanadora misericordia con que Dios nos brinda el coraje de aproximarnos a Él exactamente como somos. Una de las claves de la experiencia religiosa real es la quebradiza percepción de que por más odiosos que nos sintamos, Dios no nos detesta. Esta percepción nos ayuda a entender la diferencia entre nuestro amor y el suyo. Nuestro amor es una necesidad, el suyo es un don. Para amarnos a nosotros mismos precisamos ver algo bueno en nosotros. Él no. Él no nos ama porque seamos buenos, sino porque Él lo es. Pero mientras adoremos a un Dios que sea sólo una proyección nuestra, le tememos a un poder tremendo e insaciable que *precisa ver bondad* en nosotros y que, debido a la infinita nitidez de su visión sólo advierte maldad y, por lo tanto, insiste en la venganza.

63. La libre y confiada aproximación de un alma erguida cara a cara con Dios, entiende su misericordia y no es consumida por un odio a sí misma debido a pecados que, ya lo sabe, fueron consumidos por su misericordia; ésta es la *parrhesia* que nos pertenece desde que "se manifestó la bondad de Dios nuestro Salvador y su amor a los hombres" (Tito 3, 4).

En el Antiguo Testamento hay muchos ejemplos de *parrhesia* después de la caída de Adán, y entre ellas la de Job no es la menos significativa. Job conocía demasiado bien la santidad de Dios y evitaba escandalizar a sus propios piadosos amigos. La franqueza y la verborrea con que Job lamentaba sus sufrimientos y rehusaba aceptar las piadosas racionalizaciones de quienes lo consolaban, eran una marca paradójica de su *parrhesia*, pues la libertad de palabra con que nos aproximamos a Dios debe basarse en una sinceridad perfecta, y Job era perfectamente sincero. Su sinceridad fue reconocida por el Dios santo, que respondió a Job desde el torbellino, burlándose de los piadosos discursos de sus religiosos amigos. Los capítulos treinta y ocho a cuarenta y uno del libro de Job son un buen ejemplo de la *parrhesia* del hombre donde, incidentalmente, el único que habla es Dios. Los capítulos son un himno a las maravillas de la Creación (a través de la cual Dios prosigue su diálogo con el hombre) y cada nueva maravilla nombrada es puesta ante Job en forma de desafío y de interrogante. Por cierto, ésta es una de las características de la auténtica *parrhesía*, condición de libertad en que el inescrutable misterio de Dios nos habla directamente, desafiándonos con preguntas que carecen de respuesta. Pero al final, Job mismo, admitiendo que hay "grandezas que me superan y que ignoro", no teme hacerle a su vez una pregunta al Señor (cf. Job 42, 4).

Por eso, varias veces el Señor mismo le había mandado: "¡Ciñe tus lomos como un bravo: voy a preguntarte y tú me instruirás!" *Parrhesia* es la condición plenamente madura de quien ha sido cuestionado por Dios y, de tal modo, en el sentido más pleno y espiritual, se ha convertido en un hombre.

5

El espíritu cautivo

64. La *parrhesia* que concedió a Adán libre acceso a Dios en el Paraíso y que también nos brinda acceso a Él en el nuevo Paraíso abierto al mundo por la Pasión de Cristo, se fundaba en la confianza en la verdad de la misericordia de Dios. Pero el pecado de Adán que le arrebató el Paraíso a él y a nosotros, se debió a una falsa confianza que deliberadamente quería hacer la opción y el experimento de creer en una mentira. En la perfecta paz de Adán no había nada que justificara este juego con la irrealidad. No existía dificultad alguna en el precepto que debía cumplirse, para evitar la caída en una ilusión. No había debilidad ni pasión en su carne que lo impulsaran a un desempeño irracional a pesar de su sano juicio. Todas estas cosas serían sólo consecuencia de sus preferencias por lo que "no era". Hasta el natural y saludable amor propio con que la naturaleza de Adán se regocijaba en su realización plena, nada ganaría al añadir irrealidad a lo real. Por el contrario, él sólo podía volverse menos él mismo al dejar de ser quien era para convertirse en otro.

Todo esto puede resumirse en una palabra: orgullo. Porque el orgullo es una porfiada insistencia en ser lo que no somos y que nunca se supuso que fuéramos. El orgullo es una honda e insaciable necesidad de irrealidad, una exigencia desorbitada de que los otros crean la mentira que nos pusimos a creer sobre nosotros mismos. A la vez infecta al ser humano y a toda la sociedad en que vive. Infectó a todos los hombres con el pecado original de Adán. Como efecto secundario, posee lo que los teólogos denominan concuspiscencia: convergencia de toda pasión y todo sentido en el yo. Entonces, el orgullo y el egoísmo reaccionan entre sí en un círculo vicioso, cada cual incrementa enormemente el potencial del otro para destruir nuestra vida. En cierto sentido, el orgullo es simplemente una forma de subjetividad suprema y absoluta. Ve todas las cosas desde el punto de vista de un yo individual y limitado que se constituye como centro del universo. Luego, todo el mundo sabe que subjetivamente vemos y sentimos como si estuviéramos en el centro de las cosas, dado que estamos hechos así. Sin embargo, el orgullo viene y eleva este sentimiento subjetivo al absoluto metafísico. El yo debe tratarse como si el mundo entero girara a su alrededor, no sólo en el sentimiento sino como un suceso efectivo. Por lo tanto, la concuspiscencia se alista al servicio del orgullo, para demostrar esta sola y obsesiva tesis metafísica. Si soy el centro del universo, entonces todo me pertenece. Puedo reclamar como una deuda todas las cosas buenas de la Tierra. Puedo robar, estafar y atropellar a otra gente. Puedo apoderarme de todo lo que quiera, y nadie debe resistirme. Pero al mismo tiempo todos deben respetarme y amarme como benefactor, sabio, líder, rey. Deben permitirme que los atropelle y les arrebate todo lo que tienen y, como culminación de todo, deben reverenciarme, besarme los pies y tratarme como a un dios.

Por consiguiente, la humildad es absolutamente necesaria para que el hombre evite comportarse toda la vida como un bebé. En realidad, crecer significa hacerse humilde, descartar la ilusión de que se es el centro de todo y que los demás existen únicamente para proporcionarme comodidad y placer. Desafortunadamente, el orgullo está enclavado tan profundamente en la sociedad humana que, en vez de educarnos para la humildad y la madurez, nos críamos con egoísmo y orgullo. Las actitudes que deberían hacernos "madurar", muy a menudo nos dan apenas una especie de estabilidad, una especie de barniz que convierte nuestro orgullo en algo más sedoso y efectivo. Pues en definitiva, la vida social consiste muy frecuentemente en un cómodo compromiso con el cual tu orgullo y el mío logran compatibilizarse sin demasiada fricción.

De ahí que confiar en que la sociedad nos haga "equilibrados", "realistas" y "humildes" sea una ilusión peligrosa. A menudo, la humildad que nos exige nuestra sociedad es simplemente un consentimiento al orgullo de la colectividad y de quienenes ostentan el poder. Peor todavía, mientras aprendemos a ser humildes y virtuosos como individuos, nos permitimos perpetrar los peores crímenes en nombre de la "sociedad". Somos amables en nuestra vida privada a fin de ser asesinos como grupo colectivo. Pues el homicidio cometido por un individuo es un crimen inmenso. Pero, cuando se vuelve guerra o revolución, es presentado como cumbre de heroísmo y virtud.

65. Casi podría pensarse que el gran beneficio que el hombre moderno busca en la vida colectiva es eludir la culpa mediante el sencillo recurso de hacer que el Estado, el partido o la clase nos ordene cometer el mal que yace oculto en nuestro corazón. Así, dejamos de ser responsables por ello, imaginamos. Mejor todavía, podemos satisfacer todos nuestros peores instintos al servicio de la barbarie colectiva, y al final nos alabarán por hacerlo así. Seremos héroes, jefes de policía, y tal vez hasta dictadores.

La fineza psicológica con que los Padres de la Iglesia indagaron la interrelación del orgullo, las conductas compulsivas, la ansiedad y todo el resto de los elementos que emanan del acto original con que Adán arruinó el espíritu humano, es de gran importancia para nosotros.

Sin entrar en demasiados detalles, esbocemos libremente algunos de los vastos perfiles del cuadro, a partir del pensamiento de san Bernardo.*

* Cf. *Sermones* 81 y 82 in Cantica.

El acto que originó todo el desorden espiritual del hombre fue un acto mediante el cual Adán se aisló de Dios, de sí mismo, y de la realidad circundante. Fue una ruptura voluntaria de la comunión existencial que no sólo hizo a Adán enteramente real, sino que le dio participación en toda la realidad que existía junto con él. Por un acto de puro orgullo, carente de la más leve sensualidad, pasión, fragilidad, carnalidad o miedo, Adán estableció un abismo entre él, Dios y los demás hombres. Se convirtió en un pequeño universo aprisionado en sí mismo, comunicándose de modo endeble, vacilante y temeroso con los otros universos que tenía alrededor. Los jóvenes mundos que aparecieron de él y Eva fueron salvajes, imprevisibles y destructivos: seres como Caín que debieron ser especialmente marcados por Dios para que no los mataran.

¿Cuál era este pecado? Ante todo, fue una actitud mental. Sin duda existió algún acto premeditado para comer el fruto del "árbol prohibido". Pero antes de consumar el acto, la actitud estuvo allí. Fue una manera de abordar la realidad lo que condenó al hombre, por su propia naturaleza, a volverse irreal. ¿Cuál fue la actitud? Simplemente ésta: Adán, que poseía un conocimiento existencial y experimental de todo lo que era bueno y todo lo que era real, y que estaba místicamente unido a Dios, fuente infinita de toda realidad efectiva y posible, quiso mejorarlo conociendo otra cosa que, pensó, sería algo más. Al desear comer el fruto del árbol del conocimiento del bien y el mal quiso, en efecto, agregarle al conocimiento del bien, que ya poseía, el conocimiento del mal.* Para mayor precisión: quiso tener una experiencia, un conocimiento existencial del mal. Quiso no sólo conocer el mal por deducción teórica a partir del bien (cosa que bien pudo hacerse sin pecar) sino que quiso conocerlo de un modo que ni siquiera era conocido por Dios, es decir, por experiencia. Ahora bien, para él resultaba metafísicamente imposible incrementar su experiencia del bien incorporándole una experiencia del mal. Al desear lo que le parecía un incremento, alcanzó algo que de hecho era desastro-

---

* Cf. San Bernardo, *De Duodecim Gradibus Superbiae*, c. 10.

samente menos. Al encontrarse con "dos" tuvo menos, no más, que con el "uno" original. Y como hijo de Dios extravió su herencia, que era la libre posesión de todo lo bueno. Probó y verificó que el mal era terrible. Y se odió por eso.

Sin embargo, no me parece que sólo este acto fuese suficiente por sí mismo para arruinar el espíritu de Adán y destruir su unión con Dios. Aquel daño fue producido por todo lo que estaba efectivamente *implícito* en la actitud que condujo a su pecado. ¿Qué estaba implícito? Creo que la actitud que llevó a Adán a comer del único árbol malo del huerto* llevaba secretamente implícita una especie de proeza prometeica. El hecho de que fuese inducido a "robar" la experiencia del mal mediante un acto de desobediencia, me parece como si sintiera que todo el bien que le había sido concedido, en caso de pérdida, podía recuperarse con un robo.

66. El orgullo de Adán fue una especie de ceguera prometeica ante la genuina naturaleza del amor. No entendió que los dones que se le habían concedido sólo podían poseerse mientras se recibiesen como dones. No eran ni jamás podrían ser obtenidos por derecho de conquista, porque eso era imposible. Pensar lo contrario era, en efecto, malentender por completo la auténtica naturaleza de Dios.

Recuerden lo que dijimos antes sobre Prometeo: pensando que el fuego podía robarse, y no sabiendo que podía concederse gratuitamente, era inevitable que sólo conociera dioses falsos, no al Dios vivo. Estos dioses falsos eran seres apenas un poco más fuertes que el hombre, sólo un poco más espirituales, sólo un poco más sabios. En definitiva, necesitaban el fuego tanto como el hombre. El robo del fuego los agraviaría. Se defenderían celosamente contra cualquier invasión de su Olimpo. No querían que el hombre tuviera lo que era de ellos, pues no podían ver fortalecido al hombre mientras ellos se debilitaban. Todos estos conceptos denotan una especie de dios estrecho, celoso, débil y temeroso.

---

* Debe remarcarse que se trataba objetivamente de un "árbol malo" y no simplemente de uno bueno que Adán no podía tocar por una prohibición arbitraria para que se reconociera la supremacía de Dios.

Ahora bien, al extender la mano hacia el fruto malo, para conocer el mal por su propio sabor y no sólo por deducción, Adán supuso que el sabor del mal era algo que posiblemente Dios también podría querer. Quizá era algo que Dios temía dejarle obtener, por si se hacía demasiado poderoso y se convertía en su igual. (Y, no obstante, Adán ya era un igual de Dios en el sentido más pleno posible para el simple hombre, privado aún de la unión con Él en la eterna visión beatífica que iba a ser la recompensa de su prueba.) Un pensamiento así sólo era posible en alguien que hubiera dejado de conocer al Dios verdadero.

Ya san Bernardo pone este *sapor mortis*, este gusto a muerte, en el mismísimo corazón del pecado original. Es el opuesto exacto a la sabiduría, la *sapida scientia* o conocimiento ("sabor") existencial del bien divino. Los dos son incompatibles entre sí. No pueden existir juntos. En consecuencia, al obtener uno, Adán perdió necesariamente el otro.

67. El conocimiento existencial de la bondad de Dios sólo es posible cuando experimentamos la bondad de Dios en Dios mismo, es decir, así como Él la "experimenta". Por lo tanto, nuestra experiencia de su bondad es una experiencia de libertad infinita, de entrega infinita, de infinito despojamiento. En nuestro caso, se halla sin embargo investida con una modalidad que diferencia este amor tal como está en nosotros y como está en Él. En Él, el amor es *experimentado como dado* con infinita libertad. En nosotros, es experimentado como recibido en los brazos de nuestra finita y contingente libertad. Pero esta modalidad, este sentido de recibir es tremendamente importante. Pues no existe experiencia plena y total de Dios que no sea al mismo tiempo un ejercicio de libertad (de espontaneidad) fundamental del hombre y de la misericordia de Dios. Es un libre consentimiento en un acto de dar y recibir mutuo que tiene lugar entre dos voluntades, dos "personas",* finita e Infinita. Finalmente, el único camino en que posible-

---

* Por cierto, en la expansión cristiana plena de esta experiencia hay una captación de las tres divinas Personas, diferentes en sus personalidades, cada una comunicándonos ese Amor infinito que es la divina Naturaleza.

mente podemos recibir la plenitud del amor divino está en imitar su acto de dar rindiéndonos completamente a su amor.

Todos estos elementos ingresan a la mismísima naturaleza de la *sapientia*, la sabiduría suprema que es una experiencia de Dios, una comunión existencial en su propia vida íntima, que es el Amor en sí.

68. Por su acto orgulloso, su insistencia en "mejorar" su sabiduría y su ciencia añadiéndole el conocimiento del mal, Adán perdió inevitablemente la experiencia plena del bien que Dios le concedió gratuitamente. Perdió su inmortalidad, su contemplación, su poder sobre sí mismo y sobre la creación irracional, y finalmente hasta su posición como hijo de Dios. Junto con todo esto perdió su inmunidad a la pasión desordenada, su libertad de la ignorancia, su incapacidad para sufrir. Estas privaciones no fueron meramente la venganza de un Dios encolerizado: correspondían a la actitud y al acto que constituyeron el pecado de Adán. Perdió su inmortalidad; ¿por qué? Porque, para él, la vida consistía precisamente en su unión con Dios, fuente de la vida. Al cortar el contacto entre su alma y la fuente de la vida, y reducido a su propia contingencia, él mismo se volvió su propia fuente de vida. Pero la suya era una fuente deficitaria que pronto se agotó.

Perdió su libertad, no su libertad de elección, sino su libertad del pecado, su libertad para alcanzar sin obstáculo el amor para el cual había sido creado. Intercambió la espontaneidad de una naturaleza ordenada perfectamente, elevada por los más altos dones de la gracia mística, por las compulsiones, las ansiedades y las debilidades de una voluntad abandonada a sí misma, una voluntad que hace lo que no quiere hacer, odia lo que debería amar, y evita lo que debería procurar con todo su ser.

Desde que decidió depender de sí mismo sin contacto con Dios, Adán tuvo que convertirse en su propio pobre y falible pequeño dios. Ahora todo tenía que servirle, dado que él ya no servía al Creador. Pero precisamente, puesto que él ya no encajaba en el orden donde todos se habían establecido juntos, todas las criaturas se rebelaron contra Adán, y él se encontró rodeado no de apoyos, sino de muchas razones para la ansiedad, la inseguridad y el miedo. Ya no era capaz siquiera de controlar su propio cuerpo, que en cierto modo se convirtió en el amo de su alma. Su mente, ahora, como ya no servía a Dios, pasó a trabajar al servicio del cuerpo, agotándose en esquemas para vestir, alimentar y gratificar la carne, y proteger su frágil existencia contra la constante amenaza de la muerte.

"El deseo de cosas terrenales, todas destinadas a morir, lo rodearon con sombras más y más densas, y el alma que así vivía nada veía en torno de sí misma excepto el pálido rostro de la muerte que aparecía como un espectro por todas partes... Al disfrutar las cosas perecederas como si fuesen su fin último, el alma se puso la mortalidad como una vestimenta. La vestimenta de la inmortalidad permanece por debajo, sin quitarse, pero descolorida por la vestimenta sombría de la muerte."*

69. Si en la caída original nos hubiésemos ceñido simplemente a nuestro nivel natural, nuestra situación no habría sido tan mala. Claro está, habríamos sido mortales, propensos a la ignorancia, al sufrimiento y todo lo demás; pero habríamos sido capaces de resignarnos a nuestro destino y, en algún sentido, ajustarnos a él. Pues después de todo, en su esencia, la naturaleza humana no estaba estropeada, sólo debilitada por el pecado original. San Bernardo ve la caída no como un descenso de lo sobrenatural a lo natural, sino como un derrumbe hacia la ambivalencia donde la "naturaleza" histórica con que el hombre fue efectivamente creado para la unión sobrenatural con Dios se revierte de arriba hacia abajo y de adentro hacia afuera, y *no obstante preserva su innata capacidad y "necesidad" de unión divina.**

---

* San Bernardo, *Sermón 82 in Cantica*, n. 3.
* Que tengamos una necesidad natural de unión con Dios no implica que nuestra naturaleza pueda exigir dicha unión como su consumación. Pero, como dice

El alma humana es todavía la imagen de Dios, y por más que se aleje de Él hacia regiones de irrealidad, nunca se vuelve completamente irreal como para que su destino original deje de atormentarla con la necesidad de regresar a sí misma en Dios para volverse real, una vez más.

70. Hay una angustia especial en el concepto concreto del hombre que hallamos en la Biblia, donde el hombre jamás es considerado como la corporización de una esencia humana abstracta y pura. Cuando el hombre es visto como una abstracción, sus dificultades son más fáciles de resolver, su dilema trágico puede transmutarse, su angustia puede hacerse desaparecer. Pues si el hombre es sólo un animal racional, todo lo que debería hacer es vivir razonablemente y mantener su animalidad bajo el control de su razón. Así podría alcanzar cierta tranquilidad natural. Al menos podría "encontrarse a sí mismo" en su dignidad natural como ser humano. Tal vez podría hasta llegar al conocimiento de su Creador remoto, distinguiendo a Dios como causal de los efectos que nos circundan por todas partes. Quizá hasta podría "experimentar" a Dios como la justificación absoluta del sentido ontológico de ser que, a veces, emerge de las profundidades de nuestra alma. Pero eso, desgraciadamente, no es suficiente. Las honduras recónditas de nuestra conciencia, donde la imagen de Dios está grabada en las mismísimas profundidades de nuestro ser, nos recuerdan incesantemente que nacemos para una libertad mucho más elevada y para una realización mucho más espiritual. Aunque no existe un puente "natural" entre lo natural y lo sobrenatural, la situación concreta en que el hombre se encuentra, como naturaleza creada con una finalidad sobrenatural, hace inevitable la angustia. No puede reposar, salvo que descanse en Dios, no solamente el Dios de la naturaleza, sino el Dios Vivo; no el Dios que puede ser objetivado con unas pocas nociones abstractas, sino el Dios que está por encima de todos los conceptos. No el Dios de una

---

san Agustín, Dios nos hizo para sí mismo y nuestras almas no pueden descansar hasta descansar en Él.

unión meramente imaginaria o moral, ¡sino el Dios que se vuelve un solo Espíritu con nuestra alma! Ésta es la única realidad para la que fuimos creados. Sólo aquí "nos encontramos a nosotros mismos" finalmente, no en nuestro yo natural sino fuera de nosotros, en Dios. Pues nuestro destino consiste en ser infinitamente más grandes que nuestros pobres yoes: "Yo había dicho: Vosotros, dioses sois, todos vosotros, hijos del Altísimo" (Salmos 81, 6).

La *angustia espiritual* del hombre sólo se cura en el misticismo.

71. El pecado de Adán fue un movimiento doble de introversión y extraversión. Se retrajo de Dios hacia sí mismo y entonces, incapaz de permanecer centrado ahí, cayó por debajo de sí mismo hacia la multiplicidad y la confusión de las cosas externas; así ve san Agustín la caída.* Adán revirtió la naturaleza humana hacia afuera y trasladó esta condición a todos sus hijos. Cada uno de nosotros tiene la tarea de reintegrar por sí mismo las cosas al plano adecuado, y la faena no es nada fácil. En vista de que Adán comenzó con su espíritu centrado en Dios y todo ordenado en base a esa unión suprema, primero se retiró espiritualmente de Dios hacia su propia alma, como si pudiera vivir privada y solitariamente en su espíritu, refiriéndolo todo hacia sí mismo en vez de hacerlo hacia Dios.

La consecuencia práctica de esto fue que el Adán caído vivió como si no hubiera bien común en el mundo. Su conocimiento existencial del mal lo involucró en una reorientación total de su ser entero en base a un bien privado y personal que primero debía circunscribirse a sí mismo, atrincherarse ahí, y después defenderse contra todo rival. El fortín en que se amuralló era su propio cuerpo. Escindido de lo "espiritual", el cuerpo dominó a su espíritu. En lo sucesivo, su único contacto con la realidad fue a través de las aberturas en la muralla de la fortaleza: los cinco sentidos. Pero los sentidos sólo tienen acceso directo a las cosas materiales. Por lo tanto, el espíritu de Adán, sumergido en la carne, por ese mismo hecho, quedó sujeto a la materia y dependiente de ella. Ahora

---

* *De Trinitate*, libro 12, c. 8-10.

bien, de ninguna manera la materia es maligna en sí misma. La materia, como todo lo demás creado por Dios, incluido el cuerpo y las pasiones, es esencialmente buena. Lo que resulta maligno para el espíritu es quedar completamente subordinado a la materia, que la razón sea inducida y dominada por la pasión, y que la carne gobierne al hombre entero. ¿Por qué? Porque la carne y las pasiones, por sí mismas, tienden a la anarquía, quedan a merced de la estimulación sensorial, y por consiguiente responden ciega y automáticamente a cada estímulo que se les presente. Por lo tanto, el espíritu inmerso en la materia, a la que no puede controlar completamente, es algo así como el capitán de una nave que perdió el timón y es arrastrada por el oleaje de una tormenta. La nave puede ser muy buena, pero está perdida.

Sin embargo, en su estado de caída, el alma humana está peor que el capitán de un navío sin timón, porque el capitán puede al menos ver que el buque se encuentra en peligro. Nuestro espíritu, abandonado a sí mismo, sólo advierte muy vagamente que fue víctima de un desastre. Al principio, piensa que su situación es tolerablemente buena. En cierta medida, se siente cómodo en su pequeño universo: el cuerpo. Se aplica a la tarea de gobernar este universo con sus propias leyes. Gradualmente, comienza a descubrir qué escaso control tiene en verdad, y cómo gran parte es gobernado realmente por las necesidades ciegas y las exigencias compulsivas de la pasión. Si se dudó de ello durante largos siglos, el psicoanálisis hizo que deje de ser posible poner en duda la tiranía que las conductas y las compulsiones subconscientes ejercen sobre el espíritu humano caído.

72. Al racionalizar y disculpar las lujurias y las ambiciones de un ego carnal y egocéntrico, al disfrazar sus propios defectos y magnificar los pecados de los demás, al escapar de sus miedos incontables, al forzarse a creer sus propias mentiras, la psique del hombre lucha de mil maneras para silenciar la voz secreta de la ansiedad.

Al perder la realización de su genuina identidad, el hombre intercambió la paz de la inocente comprensión de sí mismo por la agonía de un conocimiento personal saturado de culpa. En vez de estar perfectamente actualizado en espíritu, integrado y unificado en el éxtasis desapegado de una contemplación volcada directamente al "otro", literalmente el hombre se "dis-trajo" —se escindió— en un número casi infinito de percepciones. Es consciente de todo lo trivial, recuerda todo menos lo que es más necesario, siente todo lo que no debería sentir, cede a demandas que jamás tendría que atender, mira hacia todas partes, presta atención a cada tablón que cruje y a cada persiana que bate con ruido en su casa embrujada. Pues su alma y su cuerpo, creados para ser un templo de Dios, sin remedio se parecen a un lugar fantasmal después de la profanación que desalojó a su único y legítimo morador. De nada sirve tratar de exorcizar el silencio acusador por convertir al lugar en una cueva de ladrones. Ni la mayor prosperidad comercial ni el lujo pueden ocultar la desolación abominable que nos habita.

73. Luego que Adán atravesó su propio centro y emergió al otro lado para huir de Dios, interponiéndose entre él mismo y Dios, reconstruyó mentalmente el universo entero a su propia imagen y semejanza. Tal es la dolorosa e inservible faena heredada por sus descendientes, la labor de la ciencia sin sabiduría, el afán mental que entrelaza fragmentos que jamás se unen en un todo completamente integrado: el trabajo de la acción sin contemplación, que nunca alcanza la paz ni la satisfacción, ya que no se concluye tarea alguna sin abrirle rumbo a diez tareas más que deben efectuarse. Qué pocos de nosotros tenemos la honestidad de exclamar con el Eclesiastés: "He detestado la vida, porque me repugna cuanto se hace bajo el sol, pues todo es vanidad y atrapar vientos. Detesté todos mis fatigosos afanes bajo el sol..." (Eclesiastés 2, 17-18).

Se trata de palabras tremendas que no escucharemos porque suenan demasiado a desesperación, y la desesperación es precisamente el espectro que nos gustaría enterrar en el olvido por medio de nuestra actividad incesante. Pues para el hombre caído, la acción es un calmante desesperado que mitiga el dolor de un alma que instintivamente sabe que fue hecha para la contemplación, un alma que sabe que la acción, en sí misma necesaria, es apenas un medio para tal fin.

74. Si regresamos a Dios y nos encontramos en Él, debemos invertir el viaje de Adán, debemos regresar por el camino por donde él fue. El sendero pasa por el centro de nuestra alma. Adán se apartó de Dios recogiéndose en sí mismo, después pasó a través de sí mismo y salió hacia la Creación. Debemos retraernos (en el sentido justo y cristiano) de las cosas externas, y atravesar el centro de nuestras almas para encontrar a Dios. Debemos recuperar la posesión de nuestro ser esencial, liberándonos de la ansiedad, del miedo y del deseo desordenado. Y cuando recuperemos la posesión de nuestras almas, deberemos aprender a "salir" de nosotros hacia Dios y los demás mediante la caridad sobrenatural.

En todo esto, el paso inicial es reconocer nuestra situación verdadera. Antes de que esperemos siquiera tener la esperanza de encontrarnos en Dios, debemos reconocer claramente el hecho de estamos distantes de Él. Antes de que podamos darnos cuenta de quiénes somos realmente, debemos volvernos conscientes del hecho de que la persona que creemos ser, aquí y ahora, en el mejor de los casos es un impostor y un desconocido. Debemos cuestionar incesantemente sus motivos y atravesar sus disfraces. De otro modo, nuestros intentos de conocernos a nosotros mismos están condenados al fracaso, pues si aceptamos plena y complacientemente el yo ilusorio que creemos ser, nuestro "conocernos a nosotros mismos" sólo hará lo posible para reforzar nuestra identificación con tal impostor.

Sin embargo, hasta el hombre natural, si es honesto, es capaz de iniciar la tarea del conocerse a sí mismo. Sócrates solía deambular por Atenas desconcertando a los ciudadanos "bienpensantes", magistrados que creían saber quiénes eran, filósofos que imaginaban conocer el secreto de las palabras y del poder. Al final, lo mataron porque les dijo, con extrema claridad, que no se animaban a enfrentar tales interrogantes. El asesinato judicial fue cometido en nombre de los dioses. Pero ésa fue precisamente la admisión más elocuente del hecho que esa gente temía enfrentar su propia irrealidad, que defendieron según la "realidad" proyectada de los dioses en quienes no podían creer realmente.

75. Para el hombre que descansa contento con su identidad externa, con su foto del pasaporte, se trata de un desastre espiritual. ¿Su vida se encuentra sólo en sus huellas digitales? ¿Existe realmente porque su nombre fue impreso en el Quién es quién? ¿Su fotografía en el periódico del domingo indica con certidumbre que no es un zombi? Si eso es lo que piensa que es, entonces ya fue liquidado porque dejó de estar vivo, aunque parezca que sigue existiendo. En verda le está cargando a la sociedad la responsabilidad de su existencia. En vez de enfrentar el interrogante de quién es, supone que es una persona porque parece que existen otras personas que lo reconocen cuando anda por la calle.

Dado que fuimos hechos a imagen y semejanza de Dios, no nos queda otro modo de descubrir quiénes somos salvo encontrar, en nosotros, la imagen divina. Ahora bien, esta imagen, presente en cada uno de nosotros por naturaleza, por cierto puede conocerse mediante la deducción racional. Pero eso no es suficiente para proporcionarnos una experiencia real de nuestra propia identidad. Resulta apenas algo mejor que deducir que existimos porque otra gente procede como si existiéramos.

76. Así como algunos hombres deben batallar para recuperar una captación natural y espontánea de su capacidad para la vida, el movimiento y el disfrute físico, así todos los hombres deben luchar para recobrar la percepción espontánea y vital de su *espiritualidad*, del hecho de que poseen un alma capaz de cobrar vida y de experimentar valores profundos y ocultos que la carne y sus sentidos jamás podrían descubrir solos. Y en el hombre esta espiritualidad se identifica con la imagen divina que existe en nuestra alma.

Santo Tomás nos brinda una intuición concreta e íntegramente espiritual de la imagen divina cuando dice que no se trata de una "representación" estática de la esencia divina, sino de una tendencia dinámica que nos conduce a una unión con Dios. Es una especie de sensibilidad gravitacional hacia las cosas de Dios. "La imagen de Dios se ve en el alma sólo cuando el alma es conducida, o puede conducirse, hacia Dios."*

Ahora bien, si aspiramos a reconocer esta imagen en nosotros, no es suficiente que hagamos una inmersión en lo personal. Advertir que la espiritualidad de nuestra naturaleza nos hace potencialmente dioses, no resulta suficiente. La potencialidad debe ser realizada. ¿Cómo? Por medio del conocimiento y el amor; o, más exactamente, por un conocimiento de Dios inseparable de una experiencia de amor. Como dice santo Tomás en el contexto de las palabras citadas antes: "En el alma, la imagen de Dios va de acuerdo con el conocimiento con que concibe a Dios y según el amor que emana de tal conocimiento."

En este genuino sentido religioso, la realización de uno mismo es más una percepción del Dios que nos atrae en las profundidades de nuestro ser que una captación de nosotros mismos. Nos volvemos reales, y experimentamos nuestra existencia, no cuando nos detenemos a reflexionar sobre nuestro ser esencial como una entidad individual aislada, sino más bien cuando, trascendiéndonos y yendo más allá de la reflexión, centramos nuestra alma entera en el Dios que es nuestra vida. Es decir, nos "realizamos" plenamente cuando cesamos de tener conciencia de nosotros en la separatividad y sólo conocemos a Dios, que está por encima de todo conocimiento.

Nos realizamos plenamente cuando toda nuestra percepción es de otro: de Aquel, que es absolutamente "otro" entre todos los seres porque está por encima de todos ellos. La imagen de Dios cobra vida en nosotros cuando se libera de la mortaja y de la tumba en que nuestra conciencia personal la mantuvo aprisionada, y se extravía en una conciencia total de Aquel, que es santo. Es una de las muchas maneras en que "quien quiera salvar su vida, la perderá" (Lucas 9, 24).

---

* *Imago Dei attenditur in anima secundum quod fertur vel nata est ferri in Deum* (*Summa Theologica*, I, Q, 93, a. 8).

77. En la práctica, esto implica fidelidad y atención a las palabras de Dios. "Quien pertenece a Dios, oye sus palabras." "Advertir" a Dios es entrar en contacto con el Uno que, infinitamente oculto y trascendente, no puede conocerse como es, salvo que se revele a nosotros. Pero Dios nos habla en sus Escrituras y se nos ha brindado en su Hijo: toda nuestra vida de fe es una vida de atención, es "escuchar" a fin de recibir la palabra de Dios en nuestros corazones. *Fides ex auditu.* Y escuchamos a Dios en la Liturgia, en las Escrituras, en la meditación, en cada expresión de su voluntad en nosotros. "No sólo de pan vive el hombre, sino de cada palabra que surge de la boca de Dios." Este escuchar y obedecer la palabra de Dios es lo que reestablece la divina semejanza en nuestras almas, y nos proporciona la verdad que nos libera.

78. El rescate de la imagen divina en nuestras almas, cuando es experimentado por nosotros, consiste en la experiencia de una manera de ser totalmente nueva. Nos volvemos "hombres nuevos" en Cristo, y podemos verificar el hecho por el cambio en el objeto de nuestro conocimiento y en nuestro modo de conocer. Ciertamente, cuando Dios es conocido en este sentido, Él no es conocido como un "objeto" porque Él no está contenido en un concepto. Por el contrario, el conocimiento místico de Dios, realizado en el espejo de su imagen dentro de nosotros, coincide misteriosamente con su conocimiento de nosotros: "Conoceré como soy conocido", dice san Pablo (1 Corintios 13, 12). Lo percibimos mediante el amor que se identifica, en nosotros, con su amor por nosotros. Lo que será plenamente percibido en la visión beatífica, se percibe incipientemente mediante la contemplación, aun en esta vida.

Entonces, el reconocimiento de nuestro ser esencial, en la imagen divina, es un reconocimiento del hecho de que somos conocidos y amados por Dios. Como tal, es enteramente distinto de cualquier captación de uno mismo, no interesa lo profundamente espiritual que parezca. Es por completo diferente de cualquier otro tipo de despertar espiritual, excepto tal vez el despertar de la vida que tiene lugar dentro del hombre cuando de repente descubre que es amado de verdad por otro ser humano. Sin embargo, este despertar humano es sólo una tenue analogía del despertar divino que tiene lugar cuando en nuestro espíritu la "imagen" se concreta y se da cuenta de que ha sido "vista" y "convocada" por Dios, y de que su destino es ser conducida hacia Él.

79. Sin este despertar interior, surgido de la realización del misericordioso amor de Dios por nosotros, la imagen perdura como una simple semejanza potencial, sepultada y oscurecida, inadvertida porque no se ve. La imagen salta a la vida cuando, por el toque de la inefable misericordia de Dios, comienza a rescatar su perdida semejanza con Aquel, que es Amor. La presencia de Dios en nosotros es la presencia de su semejanza en nuestro espíritu: una semejanza que es más que una representación, es la Palabra del mismísimo Dios, unida a nuestra alma mediante la acción de su Espíritu. La impresión de ser "arrastrado" y "atraído" por el amor hacia el espacio infinito de una libertad sublime e impensable, es la expresión de nuestra unión espiritual con el Padre, en el Hijo, y por el Espíritu Santo, lo que nos constituye en nuestra verdadera identidad como hijos de Dios.

80. Resulta bastante usual que, cuando un hombre alcanza un íntimo contacto espiritual con Dios, se sienta como íntegramente trasformado desde adentro. Nuestro espíritu experimenta una conversión, una *metanoia*, que reorienta nuestro ser entero después de elevarlo a un nuevo nivel, e incluso hasta parece modificar nuestra mismísima naturaleza. Y entonces, la "realización personal" se vuelve la percepción de que somos bastante distintos de nuestro yo empírico normal. Al mismo tiempo, nos volvemos vívidamente conscientes del hecho de que este nuevo modo de ser es auténticamente más "normal" que nuestra existencia corriente. Nos resulta más "natural" el hecho de "estar fuera de nosotros" y ser conducidos libre e íntegramente hacia el "Otro" —hacia Dios, en Él mismo o en otros hombres— que seguir centrados y aprisionados en nosotros. Descubrimos que somos más genuinamen-

te humanos cuando somos elevados al nivel de lo divino. Nos trascendemos, nos vemos bajo una nueva luz, cuando nos perdemos de vista: ya no nos vemos más, sólo vemos a Dios. Así, en un solo acto, efectuamos el doble movimiento de ingresar a nosotros y de salir de nosotros, lo cual nos reintegra al estado paradisíaco para el que fuimos originalmente creados.

81. Es una lástima que esta *metanoia* resulte tan rara, a menudo tan desconocida, en la vida de los hombres. En verdad, ningún poder natural, ninguna ingenuidad humana, ningún extremo de coraje o generosidad pueden alcanzar, por sí mismos, para producir este cambio del corazón. Debe suceder por obra de Dios, por obra de la gracia. Es un don divino. Pero si el don resulta raro, no se debe a alguna mezquindad por parte de un Dios infinitamente dadivoso. Se debe a nuestro temor, a nuestra ceguera, a nuestra ignorancia, a nuestro odio a correr riesgos. Pues después de todo, para concretar este salto fuera de nosotros, tenemos que estar dispuestos a dejar que se pierda todo lo nuestro: todos nuestros planes, todas nuestras cavilaciones, todos nuestros juicios. Esto no significa que dejemos de pensar y proceder, sino que estemos dispuestos a cualquier cambio que la acción de Dios pueda introducir en nuestras vidas.

De esta disposición al cambio depende todo nuestro destino sobrenatural. En el mundo hay pocos contemplativos genuinos porque hay pocos hombres completamente perdidos para sí mismos y enteramente disponibles para el amor. Quiere decir que hay pocos que sean capaces de renunciar a sus propios métodos de autoayuda en la travesía espiritual hacia Dios. Esto equivale a decir que hay muy poca fe, incluso entre los religiosos. Tal vez especialmente en ellos. Pues cuando un hombre se aproxima a Dios y comienza a descubrir que el Señor está oculto en las nubes de una infinita e inexorable trascendencia, comienza a temerle al Uno que es tan completamente Otro.

82. Dios no reducirá la distancia entre nosotros y Él por cual-

quier componenda con nuestra debilidad y nuestra imperfección. Con Él no hay ni puede haber componenda alguna. La misericordia, dádiva total de su amor por nosotros, es todo menos una obligación, dado que exige, a cambio, nuestra entrega completa a Él, y esta entrega es bloqueada en nosotros por nuestra propia alienación.

Cuando la luz de la verdad de Dios comienza a encontrar su camino a través de las brumas de la ilusión y el autoengaño con que inconscientemente nos rodeamos, y cuando la imagen de Dios dentro de nosotros comienza a reintegrarse, el falso yo que heredamos de Adán comienza a experimentar el extraño pánico que Adán sintió cuando, después de pecar, se ocultó entre los árboles del jardín porque oyó la voz del Señor Dios en la tarde.

Si vamos a recuperar nuestra identidad y regresar a Dios por el camino que Adán recorrió tras su caída, debemos aprender a dejar de decir: "Te oí andar por el jardín y tuve miedo porque estoy desnudo; por eso me escondí" (Génesis 3, 10). Debemos arrojar los "ceñidores de hojas" y las "túnicas de piel" que los Padres de la Iglesia interpretan diversamente como pasiones, apegos a las cosas terrenales y fijación en nuestra rígida determinación de ser otros que los que somos verdaderamente.

6

El segundo Adán

83. Todo lo dicho hasta aquí sobre el hombre hecho a imagen y semejanza de Dios y, por consiguiente, hecho para la unión con Dios, está incompleto y por cierto carece de sentido para el cristiano, a menos que lo apreciemos en su perspectiva apropiada: en la persona de la Palabra encarnada, Jesucristo. Toda la teología de la Redención, de la vocación sobrenatural del hombre como hijo de Dios, es resumida por san Pablo en su paralelo entre Adán y Cristo: Adán, como primer hombre, cima natural de la raza humana, y Cristo, como nuevo Adán, cima espiritual de la humanidad regenerada y espiritualizada. Pero tampoco resulta suficiente reducir este paralelismo a una aseveración obviamente supersimplificada: primer Adán, segundo Adán. No decir más sería dar a entender, como hacen a menudo muchos predicadores, que Adán fue —por así decirlo— un "primer intento" que fracasó, y que el Señor precisó reparar este "fracaso" inicial con un segundo intento que tuvo éxito, y que no habría sido necesario si no hubiese fallado el inicial. Según esta óptica, en todo sentido Cristo sería "se-

gundo" en referencia a Adán, salvo, por supuesto, por el hecho de que Él es Dios. En otras palabras, sería algo que "se le ocurrió más tarde".

Éste no es de modo alguno el punto de vista del Nuevo Testamento. Completamente aparte del debate especulativo que divide a los teólogos escolásticos sobre la cuestión de si hubiésemos tenido Encarnación si Adán no hubiera pecado, los redactores del Nuevo Testamento ven a Adán como completamente subordinado y secundario ante Cristo: desde el mismísimo comienzo Adán apunta hacia Cristo. Sin Cristo, Adán carece de significado. Los Padres aprecian la economía entera de nuestra Redención desde el punto de vista de la eternidad y, por lo tanto, ven todo como un conjunto integrado, centrado en Cristo. La Creación misma se orienta hacia Cristo. Sin Él, pierde sentido real en el orden efectivo de las cosas. Todo, pasado, presente y futuro, se encuentra contenido en Aquel que es "el Alfa y la Omega, el Principio y el Fin" (Apocalipsis 21, 6). La sujeción de Adán a Cristo es clara, porque Adán es un "tipo" escritural o "figura" profética de Cristo, y es ley en la exégesis bíblica que los tipos de la Escritura obtengan todo su significado y valor del referente. Por consiguiente, Adán está subordinado íntegramente a Cristo y, sin Cristo, Adán carece de función y significado en la Escritura. Sin Jesús, Adán es apenas el inicio de una historia que deambula inconsistentemente hacia la nada. Cristo no es sólo el término y la consumación de la Creación, sino que es también su fuente y su comienzo. Los extremos distantes del tiempo convergen en sus manos. Él contiene todos los extremos en sí mismo. Aquel que dijo a los judíos "En verdad, en verdad os digo: antes de que Abraham existiera, Yo Soy" (Juan 8, 58), bien podría haber dicho: "Antes de que Adán existiera, Yo Soy." Por lo tanto, Él no es solamente el dador de una nueva vida en lugar de la que Adán nos estropeó, sino que Él es también el dador de la vida que Adán recibió del aliento de Dios, en los comienzos.

84. Todos los hombres estaban unidos en Adán. Todos eran "una imagen" de Dios en Adán. "Adán está en todos nosotros."

Todos pecamos con Adán. Adán es salvado y redimido en todos nosotros. ¿Qué significa esto?

Simplemente significa, como dice san Bernardo,* que la creación del hombre a imagen de Dios (*ad imaginem*) configuró a todos los hombres como "copias" creadas de la Palabra que es Imagen del Padre, eterna e increada. La potencialidad del alma humana que hace al hombre capaz de ser atraído por Dios, no es otra cosa que la capacidad de volverse más y más como la Palabra de Dios, y participar así de la visión que Dios tiene de sí mismo. San Gregorio de Nisa dice: "La totalidad de la naturaleza humana, del primero al último hombre, no es más que una imagen de Aquel que es."** Cuando Adán fue creado a imagen y semejanza de Dios, todos fuimos creados en él, con una naturaleza capaz de ajustarse a la Palabra de Dios. Por consiguiente Adán, que contiene toda la naturaleza humana, y es por lo tanto "la humanidad", es creado a imagen de la Imagen de Dios, quien ya había decidido, desde toda la eternidad, hacerse hombre en Jesucristo. Por eso, en su mismísima creación, Adán es una representación del Cristo venidero. Y nosotros también, desde el momento en que comenzamos a existir, somos representaciones potenciales de Cristo simplemente porque poseemos la naturaleza humana que fue creada en Él y fue asumida por Él en la Encarnación, salvada por Él en la Cruz y glorificada por Él en su Ascensión.

85. No estamos acostumbrados a las perspectivas que permitieron a los Padres y a los autores del Nuevo Testamento el discernimiento de la misteriosa compenetración de todas estas realidades en la única gran realidad de la persona de Cristo. Por lo tanto, sin cierta esquematización, no podemos captar su significado.

Para comenzar, recordemos el gran problema que debe resolverse mediante nuestra Redención y divinización. Adán, creado para vivir en Dios, para compartir la sabiduría y la paz de Dios, malogró la vida divina para la que había sido creado a imagen de

---

* Cf. san Bernardo, *Sermon 80 in Cantica*, n. 2.
** Citado por De Lubac, *Catholicism*, p. 5.

Dios. Una vez que se perdió esta unión con Dios, el hombre no pudo recuperarla mediante sus propios poderes. Sin embargo, no podía ser enteramente feliz abandonado a su propia naturaleza porque, en la realidad concreta, su naturaleza hecha a imagen de Dios no podía descansar salvo en la semejanza perfecta de la Palabra divina.

Para regresar a Dios, el hombre requería un Mediador, uno que reuniera en sí la naturaleza de Dios y la naturaleza del hombre, reestableciendo en sí mismo con perfección la comunión de Dios con el hombre. Jesucristo es este Mediador. Evidentemente, su mediación se extiende a más que a nuestra redención en la Cruz. Con su muerte en la Cruz, Jesús cerró la brecha que el pecado había abierto entre Dios y el hombre. Sin duda, eso fue suficiente para reestablecer la naturaleza humana en el estado de unión con Dios que otrora fue privilegio de Adán. Pero si observamos con más precisión, vemos que el propio Adán necesita un Mediador. ¿De qué otro modo puede atravesar ese abismo, no menos profundo que el abismo del pecado, que separa lo creado de lo increado, lo contingente de lo absoluto, la naturaleza del hombre de la naturaleza de Dios?

Al responder este interrogante, el Nuevo Testamento nos dice que Cristo no es sólo un Mediador en el sentido de que obtuvo el perdón de nuestros pecados. Incluso antes de que Adán existiera, Cristo ya era el Mediador cósmico. Todas las cosas fueron creadas en Él, por Él y para Él. Al mismo tiempo, Él ya estaba ejerciendo otra mediación que incluiría a todos los hombres en sí mismo por medio de su Encarnación. El mismísimo hecho de que los hombres fuesen hechos a imagen de Dios significaba que ya estaban potencialmente unidos con la Palabra de Dios que iba a venir para tomar en sí misma naturaleza humana. Si esta unión no hubiera estado ya implícita, los hombres jamás podrían haber aprovechado la mediación Redentora de Cristo, que consiste, precisamente, en "morir con Él" y resucitar con Él de entre los muertos. Y esto es posible sólo porque todos somos uno con Cristo, estamos todos en Cristo por virtud de nuestra humanidad, así como estamos en Adán por virtud de nuestra humanidad, por el propio hecho de que estamos hechos a imagen de Dios, y poseemos esa naturaleza humana que la Palabra de Dios asumió para sí.

86. La mediación cósmica de Cristo es puesta de manifiesto claramente en las epístolas del cautiverio de san Pablo, especialmente en la dirigida a los colosenses. Aquí dice: "(Cristo) es Imagen de Dios invisible, Primogénito de toda la creación, porque en él fueron creadas todas las cosas, en los cielos y en la tierra... todo fue creado por él y para él, y todo tiene en él su consistencia" (Colosenses 1, 15-17).

Al leer palabras como éstas, uno se asombra de que hoy los cristianos les presten tan poca atención. Es el Hombre-Dios, el Redentor, el "primogénito de todas las criaturas" que, por consiguiente, "nació" antes que Adán. Cristo viene antes que Adán no sólo porque es más perfecto, posee una dignidad elevada, un poder mayor, sino también porque Adán es creado en Él, como todo lo del Cielo y la Tierra. Todas las criaturas espirituales y materiales son creadas en, a través y por Cristo, la Palabra de Dios. Y Él está "antes de todas las criaturas", es su comienzo, su fuente y también su fin. Más todavía, Él es quien sustenta su ser, en Él "se reúnen". Sin Él, se harían pedazos.

87. El carácter entero de la Creación fue determinado por el hecho de que Dios iba a volverse hombre y moraría en medio de su propia Creación. Por consiguiente, la Creación no es un hecho preestablecido donde la Palabra llega y encaja del mejor modo posible a la hora indicada. La Creación se crea y sustenta en Él y por Él. Y cuando Él ingresa a ella, simplemente deja en claro el hecho de que Él ya es y siempre fue el centro, la vida y el significado de un universo que sólo existe por su voluntad. Para nosotros, sin duda, todo esto parece muy raro, porque todas las narraciones del Evangelio sobre la Encarnación sugieren que Dios ingresa a su propio mundo como un extranjero, como un forastero. Pero esto ocurre porque tenemos nuestras ideas peculiares sobre la propiedad y la posesión. Lo recóndito, lo recatado, la sencillez de Cristo

como hombre son simplemente otra manifestación de la sencillez, lo recatado y lo recóndito de Dios mismo, que vive y actúa en el mundo. Dios nos parece oculto no sólo debido a su infinita distancia de nosotros, sino también debido a su proximidad a nosotros. Está más próximo a nosotros que nosotros mismos y por eso no lo advertimos. Nos resulta más difícil verlo a Él que a nuestros propios ojos. Por lo menos, podemos ver nuestros ojos en un espejo. Cristo, "la luz verdadera que ilumina a todo hombre que viene a este mundo", es una luz que no vemos, pero que nos permite ver. "En el principio existía la Palabra y la Palabra estaba con Dios... Todo se hizo por ella, y sin ella no se hizo nada de cuanto existe. En ella estaba la vida, y la vida era la luz de los hombres, y la luz brilla en las tinieblas, y las tinieblas no la vencieron" (Juan 1, 1-5).

88. Si todas las cosas fueron creadas en Cristo, y por lo tanto, en algún sentido, están contenidas en Él, mucho más está la humanidad contenida e incluida en Él. Si Adán, en quien todos somos "una imagen de Dios", es creado en Cristo, entonces, por creación, todos somos una imagen de Dios en Cristo. Jesús, que al convertirse en hombre no deja de ser Dios, es una persona en sentido distinto de los demás hombres. A diferencia del mero individuo humano, Cristo no es personalizado por la individuación de la naturaleza humana. Su Divina Persona puede alcanzar e incluir a toda la humanidad en sí misma sin dejar de ser individual y distinta, y sin perder su propia trascendente unidad. Todas nuestras personalidades, todas nuestras individualidades, provienen de Él y son sustentadas por Él, tanto en lo que resulta más personal para cada una como en lo que es común a todas ellas. Esto es atribuible tanto a la gracia como a la naturaleza. Y una vez más, ello se debe al hecho de que Él es la imagen increada de la que nosotros somos imágenes creadas.

89. Aunque Él no se hubiera encarnado, la Palabra sería la imagen arquetípica de cada alma humana creada a imagen de Dios.

Pero en su Encarnación, Cristo asumió un alma que era creada, como la nuestra, y por lo tanto *ad imaginem*. Aquel que es, como Dios, la imagen perfecta del Padre, es, como hombre, la semejanza perfecta de su propia Imagen divina. De hecho, Él está identificado con la imagen, es consubstancial con el Padre. En consecuencia, no sólo nos brinda un modelo divino y ontológico de su propio ser espiritual, sino que Él nos ofrece también un modelo creado de perfección espiritual. Y veremos que el alma de Cristo, ligada a la Palabra en una unión más íntima que cualquier otra unión de dos naturalezas que haya existido o pueda existir, no es sólo la pauta de nuestra comunión existencial con Dios, sino la fuente de la gracia mediante la cual esa unión se lleva a cabo en nuestras almas.

Por lo tanto, nuestra unión con Dios por la gracia es, en efecto, simplemente la reproducción en nuestras almas de la unión entre la imagen creada del alma de Cristo, y la Imagen increada de la Palabra. ¿Cómo se efectúa esta unión en nosotros? ¿Solamente de modo remoto, por una especie de imitación? ¿Solamente situando nuestras mentes y voluntades de acuerdo con un modelo ajeno a nosotros? De ninguna manera. Como somos creados en la Palabra y sustentados en todo momento por Él, la imagen increada de Dios, en la cual vivimos y tenemos nuestro ser, Él está siempre presente en las profundidades de nuestras almas. Esta presencia natural de la Imagen increada dentro de nosotros es suficiente para consolidar el cimiento de cierta especie de contemplación natural que no pretendo debatir aquí porque nada hace para "salvar" al hombre; no puede conducirlo a la unión sobrenatural con Dios. Pero nuestra vida sobrenatural en Dios es la perfección esencial de la unificación inmediata que ya vincula —dentro de nosotros— nuestra imagen espiritual de Dios con la Imagen divina e increada, la Palabra. En otros términos: la Imagen increada de Dios, que es Dios mismo, está presente en las profundidades de nuestras almas primero como la fuente de nuestra vida natural (que es independiente de nuestra opción personal), y luego como nuestra vida sobrenatural, que depende de nuestra libre respuesta al amor de Dios. Nuestra unión natural con el Dios único es una unión inmediata con Él, que reside en nuestra alma como fuente de nuestra vida física. Nuestra unión sobrenatural con Dios es una unión existencial inmediata con el Dios Trino y Uno como fuente de gracia y virtudes en nuestro espíritu. Finalmente, nuestra unión mística con Dios es la fusión perfecta de la Imagen increada de Dios con nuestra imagen creada, no sólo en una identificación perfecta de mentes y voluntades en el conocimiento y el amor, sino también, por encima de todo conocimiento y todo amor, en perfecta comunión. "No vivo yo, sino que es Cristo quien vive en mí" (Gálatas 2, 20).

90. Aquí alcanzamos el punto más elevado del desarrollo de la doctrina agustiniana de la imagen y semejanza. El responsable de este perfeccionamiento culminante de la enseñanza de Agustín es el místico flamenco Juan Ruysbroeck, y corresponde que esbocemos aquí su teoría.

La doctrina mística de Ruysbroeck se basa en la teoría de la "unidad de espíritu"; primero, la unidad natural del hombre; segundo, su unidad sobrenatural con Dios mediante el amor y las virtudes; y tercero, su unión perfecta con Dios "por encima de todas las gracias y dones".

Ante todo, veamos la imagen divina del hombre como fuente de su unidad natural en sí mismo, con Dios y con otros hombres.

Nuestra vida creada depende completa e inmediatamente de la vida increada de Dios presente en nosotros, expresa Ruysbroeck.* Así, hasta nuestra vida natural está arraigada en la vida divina de nuestro Creador. Fluye directamente de la Imagen "de Aquel que es la Sabiduría de Dios, donde Dios conoce su poder, su sabiduría y su bondad". Dios vive en nosotros por esa Imagen suya no creada y nuestra vida es el reflejo, en nuestra imagen creada, de su presencia en nuestra alma. En nosotros, la imagen natural imita a la Santísima Trinidad por su ser, su entendimiento y su ten-

---

* Las citas son mayormente tomadas de la traducción francesa de sus obras hecha por los benedictinos de Wisques. Aquí seguimos *Le Miroir du salut eternel*, cap. 17, vol. I, 123.

dencia a retornar sin cesar, mediante el amor, a la fuente de su ser. Tal es sencillamente la doctrina clásica de Agustín, ligeramente modificada.

Con esta inmersión de la imagen creada en la Imagen increada, vivimos en Dios y Dios vive en nosotros. Nosotros vivimos por Él y para Él. Nuestra vida natural está oculta en Dios, quien habita en la sustancia de nuestra alma.*

Debe advertirse que esta Imagen increada de Dios es una y la misma en todas las almas que reciben su vida de Él. En el centro de nuestras almas nos reunimos, espiritualmente, con la fuente infinita de nuestras diferentes vidas creadas. De este modo, Ruysbroeck dice:

"Todos somos una sola vida en Dios, en nuestra imagen imperecedera, por encima de nuestro ser creado. También somos una humanidad única que Dios creó y somos una sola naturaleza, a la que Dios imprimió su imagen en trinidad, que Él asumió a fin de ser en nosotros Dios y hombre. Y todos los hombres recibieron esto por igual, malos y buenos; pues tal es la excelencia y la exaltación de nuestra naturaleza, y por medio de ella no somos santos ni benditos."**

Claramente, Ruysbroeck toma las palabras "el hombre es creado a imagen de Dios" mucho más literalmente que nosotros en este libro. En vez de interpretar solamente las palabras para dar a entender, como hizo san Bernardo, que el hombre fue creado según el molde de la Palabra divina (*ad imaginem*), Ruysbroeck, si bien mantiene el mismo pensamiento, va más lejos y dice que el hombre existe y es sustentado en la Imagen divina misma. O sea, la vida del hombre está ontológicamente suspendida de la vida de

---

* Ruysbroeck, ob. cit., pp. 123, 134.
** De *Twelve Beguines*, citado por Eric Colledge en su prefacio a Spiritual Espousals de Ruysbroeck (Londres, 1952) p. 17. Colledge se equivoca cuando remite este párrafo a 1 Corintios 15, 20-23, que no se ocupa de la vida natural del hombre sino de su vida sobrenatural en Cristo.

Dios. Ruysbroeck se cuida de aclarar que este significado no es panteísta, cuando explica:

> "Así, sobre nuestro ser creado todos tenemos una vida eterna en Dios como causa de vida que nos hizo y creó a partir de la nada. No emanamos de Dios, según la naturaleza, sino que Dios nos conoce y anhela eternamente en sí mismo; no nos hizo por compulsión natural o necesidad, sino por su libre voluntad. "*

Igualmente indica con cuidado que esta inmanencia de la vida divina en nosotros para nada disminuye la trascendencia de Dios. "Poseemos esta unidad en nosotros y aun más allá de nosotros."**

Veamos ahora nuestra unidad sobrenatural en Dios. De esta misma Imagen divina en que "vivimos, nos movemos y existimos" (Hechos 17, 28) fluye a nuestras almas la gracia que despierta el conocimiento y el amor, captación de Dios, en nuestro entendimiento y voluntad. Ahora bien, la Imagen divina no sólo habita en nosotros como nuestro Creador, sino que Él envía a su Espíritu Santo hacia nuestro espíritu, que se vuelve "un espíritu" con Él. El *pneuma* que encontramos en la doctrina de san Pablo aparece ahora como "unidad de espíritu" en Ruysbroeck. Hasta cierto punto, el místico flamenco desarrolla el concepto, pues indica la diferencia entre la unidad operativa de la mente y la voluntad con Dios, en actos de amor y contemplación divinos, y la unidad *esenciada* del espíritu con Dios por encima de toda contemplación, entendimiento y amor. Pero quizás esto corresponda a la diferenciación de san Pablo entre mente (*nous*) y espíritu (*pneuma*) en que ambos son informados y animados por el Espíritu de Dios.

En la unión sobrenatural (unión con Dios por la gracia), dentro de nosotros el Espíritu divino nos une de inmediato con la Imagen (la Palabra) de un modo nuevo. Ya no se trata de la Imagen divina presente en nosotros sin reconocimiento, desconocida. Advertimos su presencia. Por medio del entendimiento y el amor sobre-

---

* *Le Miroir...*, p. 126.
** *The Spiritual Espousals*, Colledge, p. 89.

natural nos sumergimos en el abismo de su luz y su ser. Y más allá de todo conocimiento y amor nos unimos con Él y en Él descansamos. Ruysbroeck dice:

"Esta vida elevada es causante de toda vida y toda santidad. Uno puede considerarla como un abismo glorioso de las riquezas de Dios, como la fuente viva donde nos sentimos unidos con Dios, una fuente que brota en nuestras facultades con gracias y dones diversos, cada cual recibiendo en particular lo que necesita de acuerdo con sus méritos."*

Aquí se reconoce la enseñanza pura del Evangelio expuesta por un místico que alcanzó la plena realización del significado del Nuevo Testamento no sólo mediante el estudio de sus lecciones, sino al encontrar la enseñanza realizada en sí misma por acción del Espíritu Santo. Aquí tenemos, por ejemplo, el significado pleno de las palabras de Cristo en san Juan: "El que beba del agua que yo le dé, no tendrá sed jamás, sino que el agua que yo le dé se convertirá en él en fuente de agua que brota para vida eterna" (Juan 4, 14); y en san Pablo: "Hay diversidad de carismas, pero el Espíritu es el mismo... Pero todas estas cosas las obra un mismo y único Espíritu, distribuyéndolas a cada uno en particular según su voluntad" (1 Corintios 12, 4, 11).

Esto conduce a Ruysbroeck a nuestra unión sobrenatural con los demás en Dios. Es decir, todos los hombres son naturalmente una imagen de Dios y están unidos en la Imagen increada de Dios que es la misma en todos ellos: así, todos los hombres que son santificados por la gracia divina y llegan a la unión sobrenatural con Dios en el Espíritu y en Cristo, son una imagen espiritual de Dios. Conforman una unión más inmediata por virtud del lazo de caridad que unifica a sus almas en Cristo. Este organismo sobrenatural y espiritual de hombres que son uno en la caridad y la fe en Jesucristo es la Iglesia, Cuerpo Místico de Cristo.

---

* *Le Miroir...*, p. 125.

Por lo tanto, la unidad natural del hombre en la Imagen divina es muy distinta de su unidad sobrenatural en Cristo. En primer lugar, sólo en casos raros, la unidad natural se vuelve un objeto de conciencia, pero comúnmente jamás es pensada por los hombres. En segundo término, la unión natural con la Imagen divina como fuente de nuestra vida física nada hace, en sí, para santificarnos o volvernos virtuosos, salvo de un modo muy imperfecto que en nada contribuye a nuestra verdadera felicidad. Tercero, si bien por naturaleza estamos unidos con Dios, no puede decirse que lo poseamos o lo conozcamos como realmente es, y esta unión natural nada hace para reducir la distancia de nuestro exilio de Él y de su Paraíso. Finalmente, el hecho de que todos estemos ligados a Dios en una imagen natural y en una naturaleza humana, jamás contribuyó mucho a la unión verdadera entre los hombres. No les impide que combatan y se odien entre sí, que se esclavicen y exploten unos a otros, y que destruyan en cada cual la mismísima imagen de Él, a quien deberían amar sobre todas las cosas.

91. Cristo, el Señor, es llamado el "segundo Adán" y se dice que vivimos "en Él" mediante la fe. ¿Qué significan estas expresiones? Veamos uno de los textos principales de san Pablo al respecto: "Fue hecho el primer hombre, Adán, alma viviente; el último Adán, espíritu que da vida" (1 Corintios 15, 45). Y san Pablo explica la diferencia entre ambos. Adán es de la Tierra. La vida que le dio Dios, para que nos la trasmitiera, es la vida terrenal y física que sólo nos otorga una unión natural con Dios como nuestro Creador. Es cierto que Adán tenía la vida de la gracia y del espíritu, pero san Pablo prescinde de ello en este texto donde considera la paternidad efectiva de Adán, que sólo nos trasmite la vida natural. Pero Cristo nos brinda más que una vida natural. Es fuente y principio de una vida "celestial", o sea, divina. La vida que Cristo nos otorga es totalmente espiritual. Es un Espíritu dador de vida, no sólo viviendo en sí mismo con la plenitud de la vida humana y divina, no sólo enriquecido con la plenitud de la gracia y del Espíritu, sino que también es capaz de comunicarnos tal plenitud.

Así como Adán es el elegido por Dios para presidir la primera creación, Cristo es enviado por Él para instituir y gobernar una creación espiritual enteramente nueva. Pues con la muerte y Resurreción de Cristo estamos en un mundo nuevo, en una nueva era. Llegó la plenitud de los tiempos. La historia del mundo alcanzó una orientación completamente nueva. Estamos viviendo en el Reino mesiánico.

92. La reorientación de toda la vida humana en una dirección que no resulta inmediatamente perceptible para la inteligencia natural del hombre, es una característica de la obra de Cristo como segundo Adán. Es la reparación del daño causado a la especie humana por la caída de Adán. El segundo Adán desciende para hallar al hombre en las profundidades de la confusión, en el caos moral y la desintegración a donde fue precipitado por los pecados del primer Adán y todos nuestros otros antepasados. Cristo encuentra a Adán, a la "raza humana", como a la oveja descarriada y lo lleva de regreso por el camino que recorrió extraviándose de la verdad. La sustancia de la misión de Cristo consiste en unir a los hombres con Él mismo en la obra por la que Dios recomienza, en dirección opuesta, la tarea desbaratada por el primer hombre. La humanidad, que era una imagen de Dios en Adán o, si se prefiere, un "espejo" singular de la naturaleza divina, se astilló en millones de fragmentos por aquel pecado original que indispuso a todo hombre con Dios, con los demás hombres, y consigo mismo. Pero el espejo quebrado se vuelve de nuevo una imagen perfectamente unida de Dios en la unión de quienes son uno en Cristo. De este modo, en Cristo, "Dios reúne su entera Creación, incluida la materia, pero especialmente el hombre, en una nueva economía de salvación. Congrega su obra íntegra desde el mismísimo comienzo para purificarla y santificarla en su Hijo encarnado, el nuevo Adán".*

---

* Mersch, *The Whole Christ*, Milwaukee, 1938, p. 230.

Sin esta "recapitulación" de toda la humanidad y, por cierto, de toda la Creación en Cristo, la obra creativa de Dios quedaría frustrada y vana. Pero en Cristo, la obra efectuada por Dios en el comienzo es renovada hasta un nivel de perfección tan encumbrado y eminente que vemos, en la perspectiva del Nuevo Testamento, que la creación inicial del mundo y del hombre no fue otra cosa que la de "tipos" o figuras proféticas que prefiguraban una realidad mucho mayor que la propia: la realidad de Cristo y de su Reino. La creación del mundo, de Adán y del Paraíso, es por lo tanto una sombra de esa realidad sustancial que va a llevarse a cabo en Cristo y en su Cuerpo Místico. Desde estas perspectivas, la primera creación es completamente secundaria y queda subordinada a la nueva creación espiritual ejecutada en y por Cristo. Esta nueva creación comienza con la Resurrección del Señor y será perfeccionada al final de los tiempos. La vida natural y los dones impartidos al hombre en el comienzo, fueron sólo la preparación para la vida sobrenatural que Dios le destinaba como definitvamente suya.

93. La recapitulación de la obra de creación, sublimada y perfeccionada en Cristo, es una comunión en la vida divina, una infusión de la vida, la gloria, el poder y la verdad de Dios, no sólo en el espíritu humano sino también, en última instancia, en toda la creación material. El fin no fue alcanzado todavía, pero está a la vista con la perspectiva de la visión espiritual de la Iglesia que aguarda la Parusía en que Cristo no sólo aparecerá en las nubes celestiales para el juicio sino que también, y al mismo tiempo, fulgurará a través de los árboles, las montañas y los mares trasfigurados de un mundo divinizado por su participación en la obra de su Reino. Ésta será la victoria definitiva de la vida sobre la muerte, y será señalada por la resurrección general en que la materia compartirá por fin el triunfo de la vida y del espíritu, y los cuerpos de los santos darán testimonio, en su condición glorificada, de la resurrección de Cristo. Y así, según las palabras de san Ireneo:

"La Palabra... por quien todas las cosas fueron hechas, en la plenitud del tiempo, se hizo hombre para recapitular y contener todas las cosas, para destruir la muerte, para manifestar la vida y para restaurar la unión entre Dios y el hombre."*

94. El primer Adán, por el abuso irresponsable de su libertad, por el acto de orgullo original en el que sustituyó su autorrealización por una autoafirmación, al despertar deseos desarreglados trajo muerte, ilusión, error, destrucción a la vida del hombre. El segundo Adán, por el uso perfecto de su libertad en obediencia a la Verdad, reintegró al hombre a la realidad del orden espiritual. Restituyó al hombre a su comunión existencial original con Dios, fuente de vida, y así le abrió de nuevo la puerta cerrada del Paraíso. El hombre fue capaz otra vez de beber en el manantial inagotable de la verdad que Dios había ocultado en las honduras de la propia naturaleza humana, en ese punto donde la imagen creada se abre hacia la Imagen increada de la Realidad eterna, la Palabra de Dios. Por lo tanto, la obra del segundo Adán restituyó la paz en el alma del hombre, dándole de nuevo la posesión asegurada de la vida para la cual fue creado. La victoria de Cristo sobre la muerte reemplazó las ansiedades y el insaciable desasosiego del Adán caído, con la tranquilidad y la plenitud de la *parrhesia* original con Dios.

La "nueva vida", la vida del Espíritu, la vida "en Cristo", es comunicada al espíritu del hombre mediante la invisible misión del Espíritu Santo: una consecuencia directa de la Resurrección de Jesús. Por consiguiente, la "nueva creación" instaurada por el segundo Adán es de hecho una prolongación de su Resurrección. El nuevo mundo, llamado Reino de Dios, el mundo en que Dios reina en el hombre por su Espíritu divino, el mundo del segundo Adán es, en efecto, el Eón de la Resurrección, la nueva era que comienza a alborear con el resurgimiento de Cristo de entre los muertos, que con la pura luz espiritual de tal amanecer, comienza a tocar cada alma flamantemente incorporada al Cristo resucitado, hasta que todos los elegidos se reúnen en Él y el Reino es estable-

---

* San Ireneo, *Expideixis*, traducido en Mersch, ob. cit., p. 232.

cido abierta y definitivamente sin cuestionamientos ni oposiciones en la resurrección general de todos los muertos.

95. Dice san Pablo: "Si por el delito de uno solo reinó la muerte por un solo hombre, ¡con cuánta más razón los que reciben en abundancia la gracia... reinarán en la vida por uno solo, por Jesucristo!" (Romanos 5, 17). Ése es exactamente el concepto paulino del Reino de Dios, un Reino de vida espiritual superabundante, donde los santos "reinan en la vida por el Cristo único".

Reinar en la vida es tener dominio y autonomía por la unión con Dios como fuente de vida. Es tener y disfrutar la sublime libertad de los hijos de Dios, la libertad del Espíritu por el que Cristo vino a liberarnos. La Iglesia primitiva estaba completamente impregnada con esta doctrina de liberación, plenitud y vida. Dondequiera que el genuino espíritu cristiano haya prevalecido, fue marcado siempre por esta misma libertad y vitalidad perfectas en el Espíritu. Pues siempre y en todo lugar el Espíritu de Cristo enseña este mensaje a quienes son suyos: "Todos los que son guiados por el Espíritu de Dios son hijos de Dios. Pues no recibisteis un espíritu de esclavos para recaer en el temor; recibisteis un espíritu de hijos adoptivos que nos hace exclamar: ¡*Abbá*, Padre! El Espíritu mismo se une a nuestro espíritu para dar testimonio de que somos hijos de Dios" (Romanos 8, 14-17).

Desde esta perspectiva del papel de Cristo como segundo Adán que establece la victoria final de la vida sobre la muerte, seguimos enfrentados a ideas de vida y muerte conjuntas. La liberación del pecado y de la muerte se lleva a cabo con la muerte de Cristo. La comunicación de la vida a nuestras almas se lleva a cabo mediante la Resurrección de Cristo. "Jesús... fue entregado por nuestros pecados y fue resucitado para nuestra justificación" (Romanos 4, 25). Veremos que, para entrar plenamente en comunión con la vida que nos trae Cristo, debemos en cierto sentido —sacramental, ascética, místicamente— morir con Cristo y resucitar con Él de entre los muertos. Entonces, la vida entera del Reino de Dios consiste en la extensión gradual de los efectos espirituales de la muerte

y la Resurrección de Jesús en un alma tras otra hasta que Cristo viva perfectamente en todos a quienes convocó hacia Él mismo.

96. Esta inmensa obra de unificar las almas de los elegidos con
su Cabeza en un Cuerpo Místico es la auténtica tarea del nuevo
Adán. El viejo Adán, sin esfuerzo de su parte, obtuvo la existencia
y encontró en sí mismo toda la humanidad, la totalidad de la naturaleza humana. El nuevo Adán, por el contrario, tiene que trabajar y sufrir con enorme paciencia para unir a Él, individualmente,
a cada persona destinada a formar parte de su Cuerpo Místico. El
nuevo Adán se crea a sí mismo, no sólo mediante la obra, el sufrimiento y el triunfo de la Cabeza, Jesucristo, sino también por los
quehaceres, los sufrimientos y la cooperación de cada uno de los
miembros. El trabajo con que Adán cuidaba pacíficamente el jardín del Paraíso es reemplazado por otra faena mucho más ardua,
en otro huerto donde (según Pascal) Cristo "está en agonía hasta
el fin del mundo", aunque también está triunfante y en la gloria.
Es el trabajo con el que el nuevo Adán lucha dolorosamente para
consolidar su derecho a la vida mediante la conquista de la muerte en cada nuevo miembro de su Cuerpo. Cada uno de nosotros
tiene su parte en esta labor porque, de hecho, todos somos el
nuevo Adán. Nunca debemos olvidar esta activa y dinámica perspectiva del Reino de Cristo. Pues, si todos somos "uno solo en Él",
eso no implica que nos elevemos hacia el Cielo con la marea de
sus méritos, sin esfuerzo alguno ni méritos por parte nuestra. Por
el contrario, si no nos unimos a Él en su batalla para unir a sus
miembros en un Cuerpo, no habrá para nada un nuevo Adán. Porque si Cristo fuese una Cabeza sin miembros, estrictamente ha-
blando no sería un "segundo Adán".

Esto jamás nos resultará claro hasta que hayamos advertido la
importancia de la Resurrección como consumación y perfeccionamiento de la Pasión. La muerte de Cristo en la cruz fue infinitamente más que suficiente para pagar la deuda de pecado y para
extirpar las ofensas de todos los hombres. También fue más que
suficiente para que adquiriéramos todos los superabundantes dones de gracia y gloria necesarios para que alcancemos nuestro

destino como hijos de Dios. Pero si no recibiéramos tales gracias, si no nos uniéramos a su Persona para recuperar a través de Él nuestra perfecta semejanza a Dios en "una imagen" y "un espíritu", Él no podría reparar eficazmente el daño causado por Adán a la especie humana. De hecho, Él no podría ser el segundo Adán a menos que nos haga miembros de su Cuerpo Místico, resucitando de entre los muertos y viviendo en nosotros como el principio de nuestra vida sobrenatural.

San Pablo clarifica esto muy bien en el contexto de la línea que citamos sobre Cristo volviéndose "un espíritu dador de vida". El Apóstol explica esta línea urgiéndonos a vivir no sólo por la vida terrenal y física que heredamos de Adán, sino por la vida espiritual y celestial que se nos da en Cristo. De este modo, desde las imágenes de Adán (el hombre viejo) nos convertimos en imágenes del "hombre nuevo", Cristo. "Y del mismo modo que hemos llevado la imagen del hombre terreno, llevaremos también la imagen del celeste" (1 Corintios 15, 49).

97. ¿Cómo nos volvemos como Cristo? ¿Cómo llevaremos su imagen? Viviendo una "vida incorruptible", que tiene su principio no en nuestra carne sino en su Espíritu; una vida que ya es una resurrección anticipada de nuestro cuerpo. "La carne y la sangre no pueden heredar el Reino de los cielos; ni la corrupción hereda la incorrupción" (1 Corintios 15, 50). Esto significa, por supuesto, ponerse bien definitivamente del lado del Espíritu en esa batalla entre la carne* y el espíritu que marca nuestra existencia mortal, "Pues el que siembre en su carne, de la carne cosechará corrupción; el que siembre en el espíritu, del espíritu cosechará vida eterna" (Gálatas 6, 8).

---

* La palabra "carne" es a menudo usada en san Pablo sin implicancias morales, refiriéndose simplemente al cuerpo como materia animada. En este sentido, la carne no es lo malo. Sin embargo, donde surge la cuestión de la "carne" compartiendo la gloria del espíritu, Pablo usa generalmente la palabra "cuerpo" y no "carne". En contextos morales, la palabra "carne" significa no sólo el cuerpo animado, sino ese cuerpo con todas sus pasiones desmedidas, debilidades, ilusiones y deseos carnales, que militan contra el alma y se oponen directamente a la influencia del "espíritu". (Cf. Gálatas 5, 16 y ss.)

98. Nuestra persona íntegra, cuerpo y alma, es elevada sacramentalmente a la participación en la Pasión y Resurrección de Cristo en el bautismo, y esto implica una justificación interna preliminar por la fe, que espiritualiza el alma en su íntima sustancia. Sin embargo, las facultades del alma, así como el cuerpo y sus sentidos, permanecen sujetos a la "sabiduría de la carne". Esto exige una batalla ascética, en la que nuestro espíritu, unido al Espíritu de Dios, resiste la carne, sus deseos y sus ilusiones, para fortalecernos y elevarnos más y más, y abrir nuestros ojos al significado pleno de nuestra vida en Cristo. No obstante, finalmente sobrevendrá una trasformación mística en la que seremos perfectamente conformados a la semejanza de Cristo. El segundo Adán vivirá enteramente en nosotros. Seremos "el Hombre Nuevo" que es, en realidad, un Hombre: el Cristo Único, Cabeza y miembros.

99. La recapitulación de todos los hombres en Cristo implica la unión mística de todos en Él, en una imagen perfecta, un amor, una libertad. "Porque el Señor es el Espíritu, y donde está el Espíritu del Señor, allí está la libertad. Mas todos nosotros, que con el rostro descubierto reflejamos como en un espejo la gloria del Señor, nos vamos trasformando en esa misma imagen cada vez más gloriosos; así es como actúa el Señor, que es Espíritu" (2 Corintios 3, 17,18).

Este texto importante nos muestra mejor que cualquier otro cómo el efecto de la Resurrección de Cristo, su triunfo y reinado como el nuevo Adán, van a manifestarse sobre todo en la unión mística de todos los miembros de la humanidad regenerada, trasformados y deificados entre sí y con Dios en Jesucristo, su Cabeza. Aquí vemos la sublime consumación del misterio contenido en el originario soplo de vida de Dios a Adán. La vida espiritual que todavía no era del todo perfecta en Adán, un día va a volverse en nosotros una clara imagen de Dios en la claridad de su Imagen increada vista sin velo y sin intermediario, cara a cara. Pero esta visión no será sólo un descubrimiento permanente de Aquel que es; también será nuestro descubrimiento definitivo de nosotros entre todos y en Él.

Aquí vemos el significado real de esa realización personal en Dios que ha sido uno de los temas principales de este libro. Llegamos a "realizarnos" y a "conocernos" cuando cobramos actualidad plena de lo que significa estar en los designios de Dios. Estamos plenamente "vivos" no sólo cuando vivimos perfectamente en Él, sino cuando percibimos nuestra vida en Él o, para decirlo con mayor simplicidad, cuando tenemos conciencia plena de Él. Pero a dicha conciencia se llega a través de la plenitud de su Ser reflejada en la plenitud de su vida en nosotros. Somos más genuinamente quienes somos cuando nuestras almas reflejan "como en un espejo la gloria del Señor". Y cuando un espejo se llena de luz, uno no ve el cristal: queda cegado por la luz.

100. San Pablo dice que la unión con Dios es común a "todos los elegidos". "*Todos* nosotros, que con el rostro descubierto..." Y, más importante para nosotros en la vida presente: esta unión ya comenzó en nosotros. Él no dice solamente que seremos trasformados, sino que *estamos siendo trasformados*. El grado y la intensidad de nuestra trasformación dependen precisamente de nuestra unión con el Espíritu Santo, de la pureza de la imagen dentro de nosotros. A la vez, ésta es una cuestión de caridad. Somos trasformados por el amor, y trasformados en proporción a la pureza de nuestro amor a Dios y a los demás hombres.

101. El nuevo Adán no es sólo Cristo, Cabeza del Cuerpo Místico, sino también todos aquellos que, con la semejanza de Dios restaurada en sus almas, son su Cuerpo Místico. Éstos, como señala el papa Pío XII en su encíclica *Mystici Corporis*, forman una persona en Cristo. Allí "no hay meramente una vaga relación de dignidad o autoridad" sino una unión que "forma un organismo único e idéntico":

"La Cabeza mística, que es Cristo, y la Iglesia que aquí abajo, como otro Cristo, revela su Persona, constituye un hombre nuevo en quien el cielo y la tierra se unifican perpetuando la obra de la cruz: Cristo, decimos, Cabeza y Cuerpo, el Cristo entero."*

Así somos "el segundo Adán" porque somos Cristo. En nosotros, la imagen de Dios, que está completa y entera en cada alma individual, es también en todos nosotros "la imagen de Dios". El primer Adán, "que es un hombre en todos nosotros", es salvado y trasformado por la acción de Cristo y se vuelve, en nosotros, el segundo Adán. Así, con algo de la visión penetrante de los Padres, despertamos a la profunda y misteriosa presencia en nosotros del primer hombre y del último. Vemos que somos Adán, que somos Cristo, y que estamos todos morando uno en el otro, por virtud de la unidad de la imagen divina reformada por la gracia, de un modo que es análogo a la circumincesión de las tres divinas Personas en la Santísima Trinidad. Dios mismo habita en nosotros y nosotros en Él. Somos su nuevo Paraíso. Y en el medio de ese Paraíso se yergue Cristo, Árbol de la Vida. Desde la base del árbol los cuatro ríos del Edén fluyen para irrigar no sólo las facultades de nuestra alma y nuestro cuerpo, colmándolos con gracia y luz mística, sino también al mundo entero que nos rodea, con la radiación invisible del Espíritu también presente en nosotros. Estamos en el mundo como portadores de Cristo y como templos del Espíritu Santo, porque nuestras almas están llenas de su gracia.

Esto, entonces, nos da un principio de conciencia sobre quiénes somos. Es un discernimiento necesario para nosotros, a fin de que desempeñemos plenamente nuestro papel en el plan de Dios.

---

* *Mystici Corporis*, 77.

7

La vida en Cristo

102. El cristianismo es más que un sistema ético, y también resulta claro que el Nuevo Testamento y los Padres de la Iglesia consideran a Cristo como mucho más que un "profeta" o un gran Maestro. Como Hijo de Dios y segundo Adán, Él es la Cabeza y la Vida de toda la especie humana y, como tal, es el principio del que fluye hacia nuestras almas toda la fortaleza y la luz que nos reintegra a la divina semejanza y nos hace hijos de Dios, capaces de conocer y amar a Dios a la luz de la contemplación y de glorificarlo mediante la caridad perfecta hacia otros hombres. Jesús no nos *enseña* sólo la vida cristiana, la crea en nuestras almas con la acción su Espíritu. Nuestra vida en Él no es un asunto de simple buena voluntad ética. No se trata de una mera perfección moral. Es una realidad absolutamente nueva, una trasformación interna.

Ontológicamente, la fuente de esta nueva vida está fuera y sobre nosotros, en Dios. Pero espiritualmente, tanto la vida sobrena-

tural como el mismo Dios que la otorga, se hallan en el centro de
nuestro ser. Quien está infinitamente sobre nosotros también está
dentro de nosotros, y la cumbre máxima de nuestra vida espiritual
y física está inmersa en su propia actualidad. Si sólo somos genuinamente reales "en Él" ello se debe a que Él comparte su realidad
con nosotros y la hace nuestra. La realidad que por naturaleza nos
sitúa en semejante dependencia íntima de Él, es elevada por la
gracia a una "unidad de espíritu" que, al perfeccionarse por completo, equivale a una identidad mística.

Ambos aspectos de Dios —su trascendencia que lo remonta infinitamente por encima de nosotros y su inmanencia, que lo consagra como centro íntimo de nuestro ser personal— son
experimentados separadamente o hasta juntos en la comunión
existencial a la que despiertan nuestras almas por el toque del Espíritu Santo. Pero hasta que comenzamos a experimentar místicamente el vínculo del Espíritu de Dios con nuestro espíritu como
movilizador y movilizado, la acción de la gracia tiende a hacerse
sentir en nosotros como una acción propia. El ascenso hacia la
unión mística no mete una cuña entre el alma y Dios: eso no lleva-
ría a la unión sino a la división. Por cierto, en la experiencia mística
el espíritu humano se percata de la realidad de Dios como el "Otro"
inmanentemente presente dentro de él, pero cuanto más consciente se vuelve de su realidad y de su "otredad", también se vuelve más consciente de la unión y de la "mismidad" que lo unen a Él,
y he aquí la gran paradoja sin la cual el misticismo se volvería esquizofrenia, fragmentando la personalidad entera del hombre y
destruyéndolo, en vez de unificarlo, integrarlo y perfeccionarlo en
grado superlativo.

103. Cuando hablamos de "vida en Cristo", según la frase de
san Pablo, "no vivo yo, sino que es Cristo quien vive en mí" (Gálatas 2, 20), no nos referimos a la propia alienación sino al descubrimiento de nuestro yo auténtico en Cristo. Con este descubrimiento, participamos espiritualmente en el misterio de su Resurrección. Y este compartir la muerte y Resurrección de Cristo es el
mismísimo corazón de la fe cristiana y del misticismo cristiano.

"Yo he venido para que tengan vida", dice Jesús (Juan 10, 10). La vida que Él vino a darnos es su propia vida como Hijo de Dios. Y, debido a su Resurrección, Él recibió el poder de comunicarnos su Espíritu íntegro como el principio de nuestra vida y la vida de nuestro espíritu. La Imagen increada, sepultada y oculta por el pecado en las profundidades de nuestras almas, se alza de la muerte cuando, enviando su Espíritu hacia nuestro espíritu, manifiesta su presencia en nosotros y se vuelve para nosotros fuente de una nueva vida, una nueva identidad y una nueva modalidad de acción.

Como ya vimos cuando hablamos sobre el segundo Adán, esta nueva vida en nosotros es una extensión de la propia vida resucitada de Cristo. Ella constituye una parte integral de esa nueva existencia que Él inauguró cuando se alzó desde la tumba. Antes de morir en la cruz, el Cristo histórico estaba solo en su existencia humana y física. Como Él mismo dijo: "si el grano del trigo no cae en tierra y muere, queda él solo; pero si muere, da mucho fruto" (Juan 12, 24). Al resucitar de entre los muertos, Jesús cesó de vivir solamente en sí mismo. Se convirtió en la vid de la que somos ramas. Expande su personalidad para incluir a cada uno de nosotros, que estamos ligados a Él por la fe. La nueva existencia que es suya por virtud de su Resurrección, ya no está limitada por las exigencias de la materia. Ahora Él puede atravesar puertas cerradas, aparecer en muchos lugares al mismo tiempo, o ejercer su acción sobre la Tierra mientras permanece oculto en las profundidades de la Deidad; si bien éstos son apenas aspectos secundarios de su vida resurrecta. El aspecto elemental de su vida resurrecta es su vida en las almas de sus elegidos. Ahora Él no es sólo el Cristo natural sino el Cristo místico, y como tal nos incluye a todos los que creemos en Él. Como dice un teólogo "El Cristo natural nos redime, el Cristo místico nos santifica. El Cristo natural murió por nosotros, el Cristo místico vive en nosotros. El Cristo natural nos reconcilia con su Padre, el Cristo místico nos unifica en Él".*

---

* F. Prat, S. J., *The Theology of St. Paul*, Westminster, 1952, vol. I, p. 300.

104. Al vivir en mí, Cristo es al mismo tiempo Él mismo y yo mismo. Desde el momento en que me uno a Él "en un solo espíritu" acaba la contradicción implícita en el hecho de que seamos personas diferentes. Natural y físicamente, Él continúa como Hijo de Dios nacido de la Virgen bendita en Nazaret, que hizo el bien y murió en la cruz hace dos mil años. Yo persisto como la persona singular que soy. Pero mística y espiritualmente Cristo vive en mí desde el momento en que me uno a Él en su muerte y Resurrección, por el sacramento del Bautismo y por todas las instancias y episodios de una vida cristiana. Esta unión no es sólo un vínculo moral o un acuerdo de voluntades, ni siquiera un nexo psicológico que fluye desde el hecho de que lo mantengo en mi‿ pensamientos. Místicamente, Cristo identifica a sus miembros consigo mismo al darles su Espíritu Santo.

105. Mediante la fe, el Espíritu divino purifica la imagen de Dios en mi alma. Cura mi ceguera espiritual, abre mis ojos a las cosas de Dios. Toma posesión de mi voluntad para que yo no siga cautivo de mis pasiones y compulsiones, sino que sea capaz de proceder según la fructífera tranquilidad de la libertad espiritual. Al enseñarme gradualmente la caridad, Él perfecciona en mi alma la semejanza de Dios amoldándome a Cristo. Pues mi unión con Cristo es mucho más que una imitación de sus virtudes como se describen en el Evangelio; debe ser una unión creada en mí por la acción trasformadora de su propio Espíritu. Y la vida que el Espíritu alienta en mi espíritu es el mismo Cristo, presente místicamente en mi ser y en mi persona. La vida sobrenatural que lo vuelve espiritualmente presente en mí es tan realmente mi vida como la vida física que lo vuelve naturalmemente presente en mí. Ambas vidas son dones, las dos me son asignadas por Dios pues una es elevada y perfeccionada por la otra. Si bien ambas pueden considerarse teóricamente (*de jure*) separadas, en el plan de Dios están destinadas a actualizarse (*de facto*) juntas, y las dos se proponen darme estatura plena y realidad entera en Cristo. Ambas son necesarias para hacerme la persona que Dios intenta que yo sea.

Pero si mi verdadera identidad espiritual se encuentra en mi identificación con Cristo, entonces para conocerme plenamente, debo conocer a Cristo. Y para conocer a Cristo debo conocer al Padre, pues Cristo es la imagen del Padre. La "identidad" que comienza a darse a conocer y a sentirse en mí, bajo la acción del Espíritu Santo, es la identidad de un hijo del Padre: un hijo que es recreado a semejanza del único Hijo, perfecta Imagen del Padre. Por lo tanto, en el sentido cristiano más pleno, el comienzo de la realización personal está en compartir la orientación que dirige a Cristo, como Palabra, enteramente hacia Su Padre. Y aquí ingresamos auténticamente en el profundo misterio de Dios.

106. En el discurso de la última Cena, Jesús preparaba a sus Apóstoles no tanto para la crucificción como para la vida resurrecta que compartirían con Él cuando les enviara el Espíritu Santo. Los capítulos finales del Evangelio según san Juan son al mismo tiempo tan claros en su superficie y tan impenetrables en sus profundidades que sería ridículo referirse a ellos como meramente "sublimes". No existe epíteto que resuma su paradójica combinación de misterio y simplicidad. La palabra "divino" debería servir a ese propósito, pero se abusó tanto de ella que posee resonancias perturbadoras. Pero, a pesar de lo que digamos sobre estos capítulos, el discurso de la última Cena contiene el mismísimo corazón del misticismo cristiano, es decir, del cristianismo en sí; pues originariamente el cristianismo y el misticismo cristiano eran una y la misma cosa.

107. Cuando Jesús apareció ante sus Apóstoles después de la Resurrección, siempre llegó hasta ellos con la palabra "paz" en sus labios. Este discurso de la última Cena también se inicia con la "paz" de Cristo: "No se turbe vuestro corazón" (Juan 14, 1). El Cristo que dijo que venía a traer "no la paz sino la espada", comienza con estas palabras una plática que los Apóstoles hallan perturbadora. Está a punto de iniciar la extraña travesía que sólo Él puede emprender. Es la travesía del hombre hacia Dios, que es nuestro destino. ¿Cómo logramos esto? Solamente en Cristo. "Y cuando

haya ido y os haya preparado un lugar, volveré y os tomaré conmigo, para que donde esté yo estéis también vosotros."*

¿Dónde está ese lugar? No es un lugar, es Dios. En cierto sentido, Dios está en todas partes. En otro sentido, no está en ninguna. En un sentido, Él está especialmente presente en el Cielo, en otro sentido Él está especialmente presente en nosotros. En todas partes, su presencia es para nosotros un misterio. Cristo está a punto de iniciar un viaje y todos estamos convidados a seguirlo hacia el Misterio.

Dice: "Y adonde yo voy sabéis el camino." Los Apóstoles protestan de inmediato. Nosotros también. Después de dos mil años, difícilmente sabemos mejor lo que Jesús quería decir. En verdad, extrajimos algo del tremendo contenido doctrinario de estas palabras, ¿pero son para nosotros un misterio menor de lo que fueron para los Apóstoles? Si pensamos que lo vemos a la perfección, después de todas nuestras especulaciones, nos engañamos. Siempre debemos preguntar, con Tomás: "Señor, no sabemos a dónde vas, ¿cómo podemos saber el camino?" Pese a que ya conocemos la respuesta: "Yo soy el Camino."

108. "Yo soy el Camino", las palabras mismas están colmadas con el silencio de la eternidad e imponen este terrible silencio sobre nuestros conceptos y sobre el discurso, advirtiéndonos al instante que el análisis no será suficiente. En ello hay mucho más de lo que podamos comenzar a analizar, pues en definitiva hasta una pobre y familiar personalidad humana está más allá del análisis. Podemos discernir algo sobre su carácter, pero la *persona* que vemos en él es la máscara detrás de la cual se oculta la realidad espiritual. Y esta realidad sólo puede conocerse mediante el amor. Pero aquí tenemos más que una persona humana. Tenemos a un hombre que, misteriosamente, es Dios. Él no nos señala un camino. Él mismo, eterno, divino, es "el camino". Y si Él es el camino,

---

* Me eximo de consignar capítulo y versículo de las citas que proceden del discurso de la última Cena. Todas están en san Juan, capítulos 14-17. Se darán referencias sólo sobre textos tomados de otro lugar.

entonces, aunque sea la Verdad y la Vida, no es el punto final todavía. Es el camino hacia otro. ¿Quién es este Otro?

109. Cristo, a quien podemos ver, recordar e imaginar, es el camino hacia un Padre inimaginable. El Comienzo. El *Principium*. El Fin. De Aquel que ES la Palabra misma, para Aquel que la Palabra ES. Por Aquel que estamos en la Palabra. Por Aquel por el que somos. Jamás lo hemos visto. Nunca lo pensamos tal como es en sí mismo. No podemos. Está oculto. Es impensable. No podemos nombrarlo, hasta que el Espíritu de Cristo, brotando de las profundidades de nuestro espíritu, nos hace conocerlo al volvernos hijos, hijos del Oculto, hijos del Comienzo, hijos de la Fuente, hijos de la Palabra que enuncia desde las infinitas profundidades de su inexpresable silencio. Hijos porque, como su Hijo, nuestro ser entero sabe que proviene de Él y tiende hacia Él, que está oculto, Aquel que "se puso como tienda un cerco de tinieblas" (Salmo 17, 12). Esta tiniebla es por siempre impenetrable a menos que el Padre se nos revele en el Hijo.* Hasta el Hijo es desconocido para todos excepto el Padre. Pero el Hijo se manifiesta a sí mismo y a su Padre en el Espíritu Santo que nos brinda. Entonces, el Hijo por acción de su gracia en nuestras almas, es la "llave de David" que canta la Liturgia en Adviento. Cuando su revelación abre nuestras almas, nadie puede cerrarlas. Cuando las cierra, nadie puede abrirlas de nuevo. Y Él, el único con el poder de ingresar a las profundidades de nuestro ser, en esas profundidades situadas más allá de nuestro control, puede dar libre acceso a un abismo ontológico que se abre en nosotros hacia la oscuridad del Principio, a la Fuente, al Padre.

110. Así "ascendemos" al Padre, hallando al Padre dentro de nosotros así como Él está dentro del Hijo. "Yo estoy en el Padre y el Padre está en mí... Aquel día comprenderéis que yo estoy en mi

---

* "Todo me ha sido entregado por mi Padre, y nadie conoce bien al Hijo sino el Padre, ni al Padre lo conoce bien nadie sino el Hijo, y aquel a quien el Hijo se lo quiera revelar" (Mateo 11, 27).

Padre y vosotros en mí y yo en vosotros." Claramente, sea cual fuere nuestro conocimiento del Padre, es un compartir en el vínculo del Padre y del Hijo.

Pero, ¿qué es ese vínculo? Es la unión de dos personas en una naturaleza. En la sustancia divina no hay división, no hay separación, no hay hendidura entre el Padre y el Hijo. Son distintos, pero son inseparablemente uno. De tal modo que si vemos a uno (y podemos ver la Palabra encarnada) vemos al otro, aun si no nos detenemos a diferenciar las Personas. Porque son uno. Después de decir a los Apóstoles que nadie puede alcanzar al Padre salvo a través del Hijo, Él agregó que ya habían visto al Padre, pues habían visto al Hijo.

Por otra parte, ellos no advertían tal cosa. Exigían ver al Padre, con un clamor que evocaba a Moisés cuando le gritó al Señor: "Déjame ver tu rostro... Déjame ver tu gloria" (Éxodo 33, 13,18).

Y Jesús respondió: "¿Tanto tiempo hace que estoy con vosotros y no me conocéis...? El que me ha visto a mí, ha visto al Padre." Quien ve a Cristo también ve al Invisible. "¿No crees que yo estoy en el Padre y el Padre está en mí?" Y entonces, Jesús prosigue diciéndoles que las cosas que hizo a su vista eran obras del Padre y a la vez obras suyas. De inmediato agrega: "El que crea en mí, hará él también las obras que yo hago, y hará mayores aún." Pues Jesús debe dejarnos sin su presencia física y natural a fin de que, por el Espíritu Santo, Él pueda hacerse presente junto al Padre en nosotros, y que el Padre viva y actúe en nosotros así como vive y actúa en su propio Hijo.

111. Nuestra imaginación antropomórfica no debe permitirse complicar esta enseñanza de Cristo imaginando nuestra unión con Dios como una especie de cónclave espiritual de cuatro personas que actúan juntas. Cuando nos unimos con el Padre, el Hijo y el Espíritu Santo, somos más "uno" que cuando estamos solos, pues nos atraen a su propia unidad de naturaleza, y compartimos con ellos su unidad en la realidad de su acto infinito, que es Uno, inalterable, indivisible y eterno.

112. Al decir que Él es el "camino", Jesús añade que es la verdad y la vida. Es la verdad porque el camino es Verdad, y en sí mismo contiene la Verdad que es el principio y el fin. Es la vida porque conociéndolo vivimos por Él así como Él vive por el Padre. Esta comunión en su verdad y su vida nos pone de inmediato en el "camino" hacia el padre. Estamos en contacto con la corriente de vida y energía que fluye desde la fuente oculta y, ascendiendo por esa corriente, recorremos nuestro camino hacia la Fuente de la vida. El contacto y el ascenso se efectúan mediante la fe, fe que ve que Jesús es el Hijo y que proviene del Padre.* Esta fe ve que mientras Jesús proviene del Padre, el Padre permanece en Él. Y ve que Jesús vive en nosotros, y que el Padre vive en nosotros con Él. Entonces, Cristo es el "camino" hacia el Padre porque pone la Verdad y la Vida del Padre en contacto directo con nuestras almas al propagar su Espíritu en nuestro espíritu, al hacernos uno con Él.

113. Y ahora llegamos al asunto de vital importancia del libre albedrío por el que establecemos este contacto con Él.

Recordemos algo de lo que vimos sobre la imagen de Dios en nosotros. En Dios reside la plenitud de toda realidad y toda perfección. Por consiguiente, es bueno y bendito por el mismo hecho de existir. Pero nuestra existencia contingente y creada, por sí misma, no implica bondad y felicidad. Por todo eso, podemos existir sin ser lo que debemos ser. Podemos existir de tal modo que nuestra existencia esté ahogada a medias en la no existencia de la que el acto creativo de Dios nos extrajo para ser. Por nuestra contingente, siempre tendemos a la nada y a la muerte. Pero al mismo tiempo persistimos como la imagen del Dios de la vida. Es decir, en nuestro libre albedrío retenemos el poder de volcar nuestro ser entero hacia la vida en vez de hacia la muerte. De nosotros depende que nos hagamos reales o irreales. Por lo tanto, nuestra vocación de ser lo que debemos ser implica poner a prueba nuestra voluntad, examen en el que somos interrogados por Dios y discernimos

* "Tú me has enviado al mundo... Y han reconocido verdaderamente que vengo de ti."

nuestra libre opción. Es probable que nuestra vida entera sea ese examen, y cuando morimos ingresamos a su presencia y damos nuestra respuesta, la respuesta que formulamos mediante todas las elecciones implícitas en la vida que hemos vivido.

En sí misma, la libertad de elección no es el perfeccionamiento de la libertad. Pero nos ayuda a dar nuestro primer paso hacia la libertad o la esclavitud, la espontaneidad o la compulsión. Es libre el hombre cuyas elecciones le dan el poder de erguirse sobre sus pies y determinar su propia vida de acuerdo con la luz y el espíritu más elevados que hay en él. En el orden espiritual, el esclavo es el hombre cuyas elecciones destruyeron en él toda espontaneidad y lo han entregado, atado de pies y manos, a sus compulsiones, idiosincrasias e ilusiones, de modo que nunca hace lo que realmente quiere hacer, sino sólo lo que tiene que hacer. Su espíritu no está al mando, y por lo tanto no puede gobernar su propia vida. Es mandado por su propia carne débil y sus pasiones: miedo, codicia, lujuria, inseguridad, falsía, envidia, crueldad, servilismo, y todas las demás.

Por lo tanto, el esclavo nunca logra estabilidad, jamás está seguro. Siempre está a merced del cambio. En consecuencia, no puede descansar. No puede defenderse de sí mismo mientras no comience a tomar decisiones espirituales; y no puede hacer nada de eso hasta que aprenda a resistir la cegadora compulsión de la pasión. En otras palabras, no puede vivir como un hombre, por la razón, mientras no se entrene para cesar de vivir como un animal, en base a instintos. Pues como no estamos destinados a vivir por los instintos, como los animales, nuestra vida instintiva resulta insuficiente para sustentarnos al nivel adecuado de nuestro ser espiritual, aunque en sí misma sea buena.

Si vamos a vivir como hombres libres en el orden sobrenatural, debemos asumir opciones libres sobrenaturales. Lo hacemos al obedecer a Dios por amor. El discurso de la última Cena está colmado de advertencias sobre la importancia de esta obediencia; pero jamás entenderemos la obediencia predicada por Cristo a menos que recordemos, siempre, que su obediencia no es simplemente justicia, es amor. No se trata sólo del homenaje de nuestras voluntades a la autoridad de Dios, es la libre unión de nuestras voluntades con el amor de Dios. No obedecemos a Dios porque debemos sino porque queremos. Ésa es precisamente la naturaleza de la libre opción espiritual que nos hace hijos de Dios. Los Padres de la Iglesia, que contemplaron el misterio del esta libertad del espíritu, percibían perfectamente que el servilismo era incompatible con nuestra filiación divina. No podemos volvernos hijos de Dios por una obediencia que es apenas una renuncia ciega a nuestra autonomía. Por el contrario, la libertad espiritual consagra nuestra autonomía a Cristo y, en Cristo, al Padre, de modo que podemos amar al Padre con su propio Espíritu de libertad o, por así decirlo, con su propia autonomía. Donde esta verdad no es captada, el cristianismo muere y cede lugar al legalismo que clavó a Cristo a la cruz.

114. El cristianismo es una religión de amor. La moralidad cristiana es una moralidad de amor. El amor es imposible sin la obediencia que une las voluntades del amante y del Amado. Pero el amor es destruido por la unión de voluntades que resulta forzada y no es espontánea. El hombre que obedece a Dios porque es compelido a hacerlo, realmente no lo ama. Dios no quiere la adoración de la compulsión, sino una adoración que sea libre, espontánea, sincera, "en el espíritu y en la verdad". Ciertamente, siempre debe haber un límite donde la debilidad humana sea portegida de sí misma por una orden categórica: "¡No lo harás!" No puede haber un amor a Dios que ignore tales órdenes. Sin embargo, un amor genuino y maduro obedece no porque es ordenado, sino porque ama.

El cristianismo no es la religión de una *ley* sino la religión de una *persona*. El cristiano no es sólo alguien que cumple las reglas que le impone la Iglesia. Es un discípulo de Cristo. Por cierto que respeta los mandamientos de Dios así como las leyes de la Iglesia, pero su razón para hacer tal cosa no debe buscarse en algún poder de decretos legales: es hallada en Cristo. El amor es especificado no por leyes sino por personas. El amor tiene sus leyes, pero son leyes concretas, existenciales, basadas en valores ocultos en la mismísima persona del Amado. En el Sermón de la Montaña, cuando Jesús comparó la antigua Ley con la nueva, introdujo sanciones, pero eran hiperbólicas: "el que llame a su hermano 'imbécil', será reo en la gehenna de fuego" (Mateo 5, 22).* El mismo Jesús, al vivir en nosotros por su Espíritu, es nuestra regla de Vida. Su amor es nuestra ley, y es absoluto. La obediencia a esta ley nos amolda a Él como persona. Por lo tanto, perfecciona la imagen divina en nosotros. Hace que nos parezcamos a Dios. Nos colma con la vida y la libertad que Él nos enseñó a buscar. Éste es el valor que determina todas las acciones de un cristiano. Éste es al mismo tiempo el cimiento del humanismo cristiano y del misticismo cristiano: el cristiano vive por amor y, consiguientemente, por libertad.

115. Es completamente cierto que la obediencia al mandato de Cristo exige el sacrificio de nuestra voluntad. Pero esto no debe entenderse como una renuncia a la verdadera libertad espiritual. Por el contrario, nos volvemos espiritualmente libres al renunciar a nuestra "propia voluntad" en el sentido de una volición carnal, compulsiva y engañosa. Al "obedecer a la verdad" encontramos realmente nuestra verdadera autonomía espiritual.

"Dios nos dio a cada uno el libre albedrío, la libertad de nuestro espíritu, de modo que cada cual puede vivir no según el dominio incondicional de Dios sino de acuerdo con su propia elección, no forzado por la necesidad, sino guiado por el libre albedrío, a fin de que haya en nuestra vida un lugar para la virtud y así podamos ser diferentes de los animales ya que, según el ejemplo de Dios, se nos permita hacer lo que nos complazca. Sobre esto se basa el hecho de un juicio justo para los

---

* En Mateo 5, 21-26 los pecados son mencionados en orden de gravedad descendente, con castigos de gravedad ascendente. Eso implica que no debemos medir el pecado por el castigo, sino por la violación de la caridad implícita en el pecado mismo.

pecadores y una justa recompensa para los santos y los justos."*

Al hacerlo así, nos unimos con Dios, en perfecto amor, en una
voluntad y un Espíritu. San Jerónimo expresa muy nítidamente este aspecto de la libertad cristiana.

En consecuencia, el don del libre albedrío es como un talento
que Dios nos concede y, como los sirvientes de la parábola, debemos hacer uso de él, no sepultarlo en la tierra. Implica que lo invir-
tamos en buenas acciones, acciones que correspondan a nuestra
realidad y a nuestra vocación, que nos hagan al mismo tiempo
más reales y más libres, a fin de que con nuestra libertad nos apro-
ximemos más a Dios. Pero somos libres para destruir nuestra libertad apartándonos de la fuente de la vida, de la verdad, del
camino hacia Dios. Una libertad que se entrega a la ilusión es responsable de su propia ceguera y de su propia esclavización. Pero
mientras preserva la capacidad de elección, da testimonio del hecho de que es capaz de hallar perfecta libertad en el amor a Dios.

116. Jesús dice que el hombre que vive por la vida divina, que
nace de nuevo del Espíritu y no de la carne, vive una libertad mis-
teriosa y divina. "El viento sopla donde quiere, y oyes su voz, pero
no sabes de dónde viene ni a dónde va. Así es todo el que nace del
Espíritu" (Juan 3, 8). San Pablo se hace eco de la enseñanza del
Maestro: "Donde está el Espíritu del Señor, allí está la libertad" (2
Corintios 3, 17). Y Jesús también dice: "La verdad os hará libres"
(Juan 8, 32).

117. Mucho menos especulativo es el lenguaje del discurso de
la última Cena y no por eso es menos sublime. Aquí la libertad es
la misma libertad trascendente del Espíritu no visible. Pero involu-
cra una obediencia verdadera, y todo lo que esa obediencia implica como sacrificio personal. Sin embargo, es una obediencia subordinada al amor. No tiene más sanción que el amor. "*Si me*

---

* San Jerónimo, *Epístola* XXI, n. 6.

amáis, guardaréis mis mandamientos." E inmediatamente Jesús nos dice, aunque con lenguaje simple, la misma profunda verdad: que la unión de voluntades conduce a la unión mística de las personas. "El que tiene mis mandamientos y los guarda, ése es el que me ama; y el que me ame, será amado de mi Padre; y yo lo amaré y me manifestaré a él."

Los escritores que se complacen en contraponer el Antiguo y el Nuevo Testamento —la Ley del Miedo con la Ley del Amor— probablemente jamás pensaron que esta afirmación de Jesús es sencillamente una más clara repetición de la misteriosa orden dada originariamente por Dios a Adán y Eva en el Edén: "De cualquier árbol del jardín puedes comer, mas del árbol de la ciencia del bien y el mal no comerás..." (Génesis 2, 16-17). Todo lo que posee poder para hacernos reales, para conducirnos al cumplimiento de nuestro destino, a la felicidad perfecta, y a la paz con nosotros mismos y con los demás, está contenido en la voluntad de Dios hacia nosotros; primero, su voluntad así como está implantada en nuestra mismísima naturaleza, y luego su voluntad revelada sobrenaturalmente. Querer conocer algo apartado de este gran bien, desear el añadido del conocimiento del mal al conocimiento del bien apartándose de Dios, es apartarse de la vida misma y de la realidad. Morimos la muerte.

118. Cristo reabre la puerta que fue cerrada, vedada y custodiada detrás de Adán. Al apartarnos del conocimiento específico del mal moral, al procurar sólo el conocimiento existencial del bien que es derecho exclusivo de quienes conocen el bien practicándolo, reingresamos al paraíso espiritual de Dios y nos preparamos para realizar su presencia en nosotros mediante la contemplación. "Guardaréis mis mandamientos... Y el Padre os dará otro Paráclito para que esté con vosotros para siempre, el Espíritu de la Verdad, a quien el mundo no puede recibir, porque no lo ve ni lo conoce."

Todos los mandamientos de Cristo pueden resumirse en un único mandamiento: amar. Debemos amar a Dios y amarnos unos a otros. Quien ama es libre. Quien ama posee la verdad. "El mundo" no conoce este amor.

El "mundo" es el cuerpo de quienes odian, porque son prisioneros de sus estrechas ilusiones y sus mezquinos deseos. No pueden reconocer la presencia del Espíritu Santo porque no están dispuestos a adaptar sus vidas a sus inspiraciones. No pueden volverse libres con la libertad que Jesús comparó con el impredecible soplido del viento, pues están arraigados en sus apegos y maniatados por sus compulsiones. Tienen un modo fijo de proceder (que puede ser salvaje y errático y posee una "libertad" espuria propia), y no pueden separarse de él. Se volvieron incapaces de hacer otra cosa salvo su "propia voluntad" en el sentido de su voluntad esclavizada. Sólo el Espíritu puede atravesar ese duro caparazón de resistencia, y demasiado a menudo no le permiten que lo haga. Son incapaces de amar libremente porque le temen a la libertad.

119. Mientras los hombres sean "del mundo" no podrán recibir al Espíritu, no pueden conocerlo. Pero Cristo nos dice que "vosotros lo conocéis porque mora con vosotros".

Existe un único signo certero de esta morada interna: la caridad. "La caridad de Dios es derramada en nuestros corazones por el Espíritu Santo que se nos da", dice san Pablo. Y en su primera epístola, Juan nos expresa: "A Dios nadie lo ha visto nunca. Si nos amamos unos a otros, Dios permanece en nosotros y su amor ha llegado a nosotros a su plenitud" (1 Juan 4, 12). "En esto conocemos que permanece en nosotros: por el Espíritu que nos dio" (3, 24).

Al comentar estos textos, los Padres nos dicen que "si anhelamos al Espíritu Santo de todo corazón, ya hemos recibido al Espíritu Santo".* "Buscad en la profundidad de vuestro ser. Si estáis colmados de caridad, tenéis al Espíritu de Dios..."**

---

* San Gregorio el Grande, *Homilía XXX in Evangelium*.
** San Agustín, *In Epistola Joannis ad Parthos*, IV, 12.

Quienes aman, conocen a Dios. Los que odian evidencian, por ese acto, que no lo conocen.*

Este conocimiento de Dios que es imposible sin la caridad no consiste sólo en el conocimiento de Dios como autor de la naturaleza. Inclusive quienes no aman pueden lograr al menos un conocimiento de su existencia y de algunos de sus atributos a través de su Creación. Pero aquí Cristo habla sobre ese conocimiento sobrenatural de Dios que implica un reconocimiento de las Misiones y Procesiones de las divinas Personas. Conocer a Dios es conocer que la Palabra nos fue enviada por el Padre.

120. Conocer al Dios único como Creador del universo es una cosa. Conocer al Padre que envía al Hijo y se revela en el Hijo es otra cosa bien distinta. El primer conocimiento es un conocimiento "sobre" Dios, el segundo es un ingreso al infinito misterio del mismísimo Dios. Podemos percibir verdaderamente algo del amor de Dios cuando lo conocemos como la fuente de nuestro ser. Pero aprendemos, y lo hacemos por experiencia, que Dios es amor —*Deus caritas est*— cuando descubrimos que nos hemos identificado con el Hijo enviado por el Padre, y que el Padre envía al Hijo desde nuestra interioridad, y que el Espíritu Santo nos enseña la identidad del Padre y del Hijo. Este Espíritu divino que nos conduce a la unidad con la Palabra, nos ilumina en cuanto al amor infinito que aparece eternamente desde el Padre como desde un Comienzo que no tiene de comienzo.

Ahora comenzamos a discernir el significado pleno de las palabras de Jesús: "Yo vivo, y también vosotros viviréis." ¿Qué es esta vida? Es la vida eterna, la vida mística en el conocimiento de "Tú, el único Dios verdadero y Jesucristo, a quien Tú has enviado". Mucho más, es el conocimiento prometido por Cristo a los Apóstoles en "aquel día" en que recibirán su Espíritu. "Aquel día comprenderéis que yo estoy en mi Padre y vosotros en mí y yo en vosotros."

* Cf. Juan, 16, 3; 15, 21.

Este último versículo de san Juan es el ejemplo más completo de la unidad del nuevo Adán. El Cuerpo Místico de Cristo es el Cuerpo de quienes están unidos entre sí y con el Padre y el Hijo mediante una unión de caridad tan estrecha que es análoga a la circunmicesión en que el Padre habita en el Hijo y el Hijo en el Padre. En verdad, nuestra situación como hijos de Dios depende del hecho de que nuestra unidad con Cristo hace que el Padre habite en nosotros así como habita en el Hijo, mientras nosotros habitamos en el Padre igual que el Hijo. Estas expresiones teológicas se esfuerzan por expresar la más perfecta unidad posible. Por lo tanto, el hombre que, iluminado por el Espíritu de Dios, descubre en sí mismo esta unidad con el Padre en el Hijo y con todos los hombres en Cristo, está al mismo tiempo unificado en el grado más elevado consigo mismo y perfectamente unido con todos lo que son uno con Cristo.

La fuerza que amalgama esta unidad es la caridad, y por eso todo lo que Cristo nos expresa sobre la unión con Dios y el conocimiento del Padre está centrado en la caridad. Su propia unión con el Padre depende del amor del padre por Él. Nuestra unión con Él depende de su amor por nosotros, que es simplemente la extensión del amor del Padre hacia nosotros, a través de Él. Y la caridad de Cristo, que surge del Padre como desde una fuente oculta e infinita, nos atraviesa y va hacia quienes todavía no lo conocen, y los une al Padre, a través de Cristo en nosotros. Mediante nuestro amor a otros hombres, les posibilitamos el descubrimiento de Cristo en sí mismos, para que pasen a través de Cristo hacia la Fuente, el Principio de toda la vida, el Padre, presente y oculto en las profundidades de sus propios seres. Encontrándolo, ellos, que pasaron largo tiempo desgarrados y escindidos por la fuerza desintegradora de sus ilusiones, son capaces de descubrirse e integrarse en la unidad.

121. Jesús dice: "Como el Padre me amó, yo también os he amado a vosotros... Permaneced en mi amor... Amaos los unos a los otros, como yo os he amado..."

Es posible hablar sobre la caridad sin saber qué es realmente: la palabra ha sido muy distorsionada y manoseada, muy vaciada de su contenido original. El amor cristiano fue sentimentalizado y degradado, así como la idea del propio Cristo fue adulterada hasta por quienes tratan de amarlo.

Olvidamos que Él dice "amaos los unos a los otros como yo os he amado", y no "amaos los unos a los otros *como vosotros me habéis amado*". Nuestro amor, librado a sí mismo, no siempre es muy puro ni muy potente. Para tener fortaleza, el amor debe encarar realidades. Debe enfrentar obstáculos. Debe aceptar dificultades. Debe hacer sacrificios. Debe ser maduro. Muy a menudo, el amor que consideramos caridad es apenas una evasión de la realidad y las responsabilidades. Es el refugio sentimental en el que nos retraemos para no ser incomodados por las dificultades y durezas de la vida: un santuario ficticio donde nos consuela un Cristo imaginario.

Jesús no dijo que creaba una institución para la comodidad y el consuelo de quienes querían eludir el problema de permanecer plenamente vivos. Nos prometió la vida auténtica: "Yo vivo, y también vosotros viviréis", pero Él también prometió esta vida sólo a aquellos que lo siguieran a través del sacrificio y la muerte hacia la resurrección en una vida más allá de la corrupción. "Porque quien quiera salvar su vida, la perderá; pero quien pierda su vida por mí, ése la salvará" (Lucas 9, 24).

La paciencia y la bondad, la mansedumbre y la humildad, el sacrificio personal y la devoción contenidas en la caridad cristiana y que son necesarias para ejercitarla, no son ni jamás pueden ser signos de un espíritu de debilidad y componendas que sólo procura eludir la dificultad y preservar la paz a cualquier precio.

La paciencia del hombre caritativo tampoco consiste en una simple arma oculta con que avergüenza y derrota a sus enemigos. Es la fortaleza que distingue la diferencia entre el bien y el mal, y que sabe cómo superar tal diferencia venciendo al mal con el bien. Sin tal fortaleza, esta alquimia que silenciosa e inexorablemente destruye el mal, los aspectos pasivos de la caridad cristiana no tendrían motivo para existir. Nunca son realmente negativos. Son la negación del mal, y el mal es una negación. De allí que hasta los elementos pasivos de la caridad sean fuerzas positivas, constructivas. Muy a menudo son más constructivos que los más obvios y afirmativos actos del hombre caritativo.

122. Existe la mayor diferencia del mundo entre la paciencia, el sufrimiento y el sacrificio implícitos en la caridad, y la paciencia, el sufrimiento y el "sacrificio" desplegados por la debilidad y el masoquismo. La función de la caridad es destruir el mal, la función del masoquismo es perpetuarla. La caridad extirpa el mal y lo reeemplaza con un bien positivo, espiritual. El masoquismo atesora y explota el mal como un bien en sí mismo, y ama sufrir por el sufrimiento mismo. Todo lo que el masoquismo requiere que hagamos con el sufrimiento es que nos ataviemos con él, que decoremos nuestras almas con él y lo usemos como pretexto para obtener placer de nuestra esterilidad. La caridad aborrece la esterilidad, porque es la fuerza que une nuestras almas con la Vida en su Fuente. Por lo tanto, nos brinda una capacidad ilimitada para el pensamiento, la acción y el amor productivos. Esto es válido no sólo en la acción externa del apostolado o nuestras obras de misericordia, sino sobre todo en la oculta e inmanente actividad que es la contemplación.

123. La caridad en sí es el argumento perfecto para la fecundidad de la cruz. Porque, por el amor que lo condujo a morir por nosotros, Cristo se volvió capaz de vivir en nuestras almas. Por su muerte, inspirada enteramente por la caridad, Cristo destruye el pecado. Y amando a los demás, como Cristo los amó con un amor tan poderoso como la muerte, nosotros también podemos destruir en ellos el pecado.

El apóstol cristiano no debe cometer el error de pensar que el pecador nada entiende de este misterio de amor, sufrimiento, muerte y vida. Hay bastante de la imagen de Dios en el alma de todo hombre como para permitirle que perciba intuitivamente la muerte espiritual bajo las apariencias externas de santidad y de vida.

Si en nuestra prédica de la cruz no hay otra cosa que la expresión de nuestra desesperación masoquista, quienes nos escuchen no dejarán de alarmarse por ello en base a su propio instinto de vida, si no mediante el mismísimo Espíritu Santo. No tolerarán escucharnos salvo que estén infectados con la misma enfermedad. De allí la tremenda responsabilidad de cada apóstol para cuidar que su caridad permanezca viva y sea perfectamente sincera. ¿Quién puede hacerse la ilusión de haberlo conseguido?

Por lo menos, debemos conocernos lo suficientemente bien como para reconocer nuestras ilusiones, nuestras limitaciones y nuestras fragilidades, lo suficiente para ser capaces de decir cuándo no es la caridad de Cristo lo que habla en nuestros corazones, sino sólo la lástima por nosotros mismos... la ambición, la cobardía, o el ansia de dominio.

Por eso el Nuevo Testamento se cerciora de que siempre unamos el pensamiento de la Pasión de Cristo con el de la Resurrección, dado que son inseparables. Los Apóstoles jamás hablan de una muerte que no constituya la puerta estrecha hacia una nueva vida. ¿Por qué? Porque si Cristo muere simplemente en la cruz, el cristianismo se hace añicos. La Resurrección es el fundamento íntegro de la fe, no sólo como un potente "argumento apologético", sino sobre todo en el sentido de que es la base objetiva sobre la cual se construye toda la estructura de la fe. Dice san Pablo: "Y si no resucitó Cristo, vacía es nuestra predicación, vacía también vuestra fe. Y somos convictos de falsos testigos de Dios porque hemos atestiguado contra Dios que resucitó a Cristo" (1 Corintios 15, 14-15).

124. La razón de la crucial importancia del misterio de Pascua es, por supuesto, el hecho de que por su Resurrección Cristo vive en nosotros. Y al vivir en nosotros, se manifiesta en el amor con que nos amamos los unos a los otros. Pues este amor es el amor con que Él nos ama y por el cual Él mismo es amado por el Pa-

dre. El propósito total de su Misión entre nosotros es que el amor del Padre por el Hijo se conozca en nuestra unidad y que los hombres vean que Dios es amor.

Esto nos muestra qué vitalmente importante es para los cristianos entender algo del misterio central de su fe, y construir sus vidas no sólo sobre la esperanza de evitar el pecado, cumplir las "prácticas de su religión", morir del lado correcto de la ley, sino sobre todo de un conocimiento de Dios y de su amor. Si nuestro cristianismo es apenas un conjunto de prácticas exteriores que disfrazan una vida de componendas con las debilidades y la hipocresía del mundo, fracasamos en nuestra misión de manifestar la naturaleza oculta de Dios a los hombres durante nuestras vidas. Fallamos en hacer que la gente sepa, mediante la espiritualidad, la pureza y la fortaleza de nuestras vidas, que Dios es amor, y que los ama a todos así como ama a su Hijo, y que quiere que todos los hombres recuperen su genuina identidad de hijos suyos.

"Yo les he dado la gloria que tú me diste, para que sean uno como nosotros somos uno: yo en ellos y tú en mí, para que sean perfectamente uno, y el mundo conozca que tú me has enviado y que los has amado a ellos como me has amado a mí."

8

Iluminación sacramental

125. "Lo nacido de la carne es carne dice san Juan, lo nacido del Espíritu, es espíritu" (Juan 3, 6). La frase evoca ese otro texto de san Pablo que consideramos en una meditación anterior. Al cotejar a Adán, que era de la Tierra con Cristo, que es el "hombre del cielo", Pablo dice: "Y del mismo modo que hemos llevado la imagen del hombre terreno, llevaremos también la imagen del celeste" (1 Corintios 15, 49). Esto significa, como explica san Juan, nacer "no de sangre, ni de deseo de hombre, sino de Dios" (Juan 1, 13). ¿Qué es este nacimiento nuevo sin el cual no podemos volvernos hijos de Dios?

Ya vimos que la vida sobrenatural es la mejora en nosotros de la imagen y semejanza de Dios mediante la gracia y el amor divino. Pero aún nos falta considerar precisamente qué agente induce este cambio en nosotros. Se trata de la fe, completada por el bautismo. La "semejanza" de Dios sólo puede reestablecerse en nosotros con la imagen grabada en nuestras almas, cuando con esa imagen recibimos la luz de Cristo, Palabra e Hijo de Dios. El proceso denominado "justificación" (término jurídico que considera nuestra elevación al estado sobrenatural desde el punto de vista del perdón de los pecados) significa poco si no trae consigo la sanación y el restablecimiento de la semejanza divina en nosotros. Nos convierte en seres espirituales. Y ya vimos que la única manera de llegar a ser "espirituales", en el genuino sentido de la palabra, es poseer en nosotros un *pneuma* o espíritu concebido por la unión de nuestro espíritu con el Espíritu de Dios en un principio de acción sobrenatural.

126. Nos trasformamos en hombres "espirituales" (*pneumatikoi*) al creer en Cristo y al recibir el bautismo. Así nacemos de nuevo "de agua y Espíritu" (Juan 3, 5). El acto de fe por el que "morimos" a la evidencia de la mera razón sin ayuda y aceptamos la luz interior que llega a nosotros desde una fuente demasiado elevada para que los debates racionales la alcancen por sí mismos, nos sumerge en la muerte de Cristo a fin de que podamos nacer con Él en la luz espiritual de su Resurrección.

Cuando recibimos en nosotros su "palabra" nos santificamos, es decir, "aceptamos su palabra" sobre la naturaleza divina, sobre el hecho de que Dios es Amor, que el Padre amaba a Su Hijo y lo envió a vivir en nosotros, para que a la vez nos volvamos hijos de Dios, unidos con Él como fuente de nuestra nueva vida. Dice Cristo: "Vosotros estáis ya limpios gracias a la Palabra que os he anunciado" (Juan 15, 3). Y esencialmente, esta palabra es la "palabra" y el "nombre" del Padre. Es la revelación de la misteriosa identidad de Aquel del que todo proviene, hasta el Hijo. "He manifestado tu Nombre a los hombres que tú me has dado... Y han guardado la Palabra... Las palabras que tú me diste se las he dado a ellos, y ellos las han aceptado y han reconocido verdaderamente que vengo de ti" (Juan 17, 6-8). "Santifícalos en la verdad: tu Palabra es verdad" (Juan 17, 17).

Los sacramentos (y el bautismo es el primero de ellos) son manifestaciones de fe.* Son signos de fe. Ayudan a nuestra naturaleza humana, donde la acción de la inteligencia está ligada a la tarea de los sentidos, a reconocer y expresar la acción interna de las fuerzas espirituales que, si llegan a ser percibidas, sólo suelen percibirse de la manera más tenue posible.

127. Los sacramentos pertenecen al orden de los signos. Manifiestan algo más de lo que representan, algo oculto. Por cierto, un sacramento es al mismo tiempo algo visible y algo oculto. La palabra latina *sacramentum* es la traducción común de la griega *mysterion*, misterio. En cada "misterio" sacramental tenemos un signo externo, una acción, la aplicación o el uso de algún elemento material, o, en el caso de la eucaristía, el sacramento está permanentemente presente en la hostia consagrada, independientemente de que la hostia sea o no consumida en la comunión. Pero también, en cada sacramento, el signo externo es acompañado por una realidad espiritual, interna, que aquél da a entender. Esta realidad interna es un efecto producido por Dios en nuestra alma, mediante la instrumentalidad de la acción sacramental. Y así, los sacramentos son signos muy especiales, diferentes de otros signos no sólo por su institución divina sino, sobre todo, por el hecho de que significan una realidad espiritual, y simultáneamente producen la realidad que significan.

Al mismo tiempo, debemos recordar que los sacramentos poseen un significado múltiple. No sólo apuntan a un efecto espiritual presente en nuestras almas, sino que a la vez vinculan tal efecto con su causa, el Misterio de la Pasión de Cristo, y con su fin último, la vida de gloria en el Cielo. Por lo tanto, en cada sacramento no sólo tenemos un signo de la gracia presente en el alma, sino un signo de la Pasión de Cristo, que es fuente y causa de esa gracia, y de la resurrección de todos los santos en Cristo, que es el término y la consumación de toda gracia. Por consiguiente, todo sacramento une en sí mismo el pasado, el presente y el futu-

---

* *"Sunt autem sacramenta quaedam signa protestantia fidem, qua justificatur homo"*: Santo Tomás, *Summa Theologica*, III, Q. 61, a. 4.

ro. De cierta manera, hace "presente" la totalidad del "misterio de Cristo" por virtud de su propio y exacto significado sacramental.

128. La riqueza del significado sacramental no es agotada por los elementos del signo sacramental mismo. Ciertos sacramentos, como el bautismo y la sagrada eucaristía, son considerados como antitipos de hechos misteriosos del Antiguo Testamento que prefiguraban no sólo el advenimiento de Cristo sino la santificación de los elegidos en Él.

Así como Cristo es el nuevo Adán, así el bautismo es una nueva Creación. Así como Cristo es un nuevo Moisés, así el bautismo es un nuevo cruce del Mar Rojo. Por lo tanto, en el misterio del bautismo somos puestos cara a cara no sólo con la Pasión y la Resurrección de Cristo sino con todas las grandes obras de Dios desde la Creación hasta el Juicio final. Estamos místicamente presentes en el diluvio, en el paso de Israel a través del Mar Rojo, en el ingreso a la Tierra Prometida, en el ascenso de Elías en la carroza de fuego (*merkabah*), en el Bautismo de Cristo en el Jordán y en las batallas místicas del Apocalipsis.*

129. En la Liturgia de la Iglesia oriental, la bendición de la fuente bautismal invoca al Creador y evoca su presencia y su poder en todo lo creado con una bella plegaria que nos recuerda que la misma sabiduría divina que nos creó también puede santificarnos y unirnos a Él:

"Ante ti tiemblan todos los poderes espirituales. El Sol te canta. La Luna te glorifica. Las estrellas salen a tu encuentro en sus viajes y la luz te escucha. Ante ti las tinieblas se espantan. Las fuentes de agua te obedecen...

Toda la Creación te cantó cuando apareciste entre nosotros. Porque Tú, Dios nuestro, apareciste en la Tierra y viviste entre

---

* A fin de apreciar algunas de las figuras tipológicas del bautismo, basta leer las "profecías" de la Liturgia del Sábado Santo y de la Vigilia de Pentecostés.

los hombres. Tú santificaste las aguas del Jordán, enviándonos desde las alturas tu Espíritu Santo."*

130. Somos "bautizados en la muerte de Cristo" (Romanos 6, 3). Como dice santo Tomás,* la Pasión de Cristo se nos comunica en el bautismo, como remedio para nuestros pecados como si nosotros hubiéramos muerto en la cruz. Al mismo tiempo, en el bautismo, el poder de la Resurrección fluye hacia nuestras almas y nos trae una nueva vida en Cristo. "Y si hemos muerto con Cristo, creemos que también viviremos con él... Así también vosotros consideraos como muertos al pecado y vivos para Dios en Cristo Jesús" (Romanos 6, 8,11).

Otro efecto importante del bautismo es el carácter sacramental que imprime en nuestras almas. El carácter bautismal nos amolda al sacerdocio de Cristo mediante un indeleble signo espiritual que nos capacita para unirnos con la adoración por la cual la Palabra encarnada —Mediadora entre Dios y el hombre— reintegró la Creación caída a la unión con su Padre. Por consiguiente, el carácter sacramental es una orientación de nuestras almas hacia nuestra Fuente y nuestro Fin supremo en la adoración. Pero el carácter que nos unifica con la acción sacerdotal de Cristo haría poco para perfeccionar nuestra semejanza con Él si al mismo tiempo nuestras almas no estuvieran unidas con Él en la semejanza y la unión espirituales por medio de la gracia santificante. Pues por la gracia participamos en su divina herencia y nos convertimos en partícipes de la naturaleza divina (Cf. 1 Pedro 1, 4) y en hijos de Dios.

131. La gracia y el carácter del bautismo nos incorporan a Cristo, nos hacen uno con Él en su divina filiación y en su sacerdocio. Por lo tanto, nos vuelve miembros de su Iglesia, su Cuerpo Místico. El bautismo es una iniciación. Finalmente, y como lo más im-

---

* De *La Prière des Eglises de Rite Byzantin*, Chevetogne, 1937, vol. I, p. 344.
* *Summa Theologica* III, Q. 69, a. 2.

portante de todo este asunto, el bautismo es una iluminación (*photismos*).

"Dios es Luz —dice san Juan— y en él no hay tiniebla alguna" (1 Juan 1, 5). La Palabra, gloria y esplendor del Padre, es también "la luz que ilumina a todo hombre que viene a este mundo". Él es la luz que es "la vida de los hombres" (Juan 1, 4, 9). Esta luz brilla en la oscuridad, pero a menos que Dios nos saque de la oscuridad, no seremos iluminados por Él, aunque Él esté presente. La iluminación de la gracia por la cual ingresamos a la luz es efecto del bautismo. Para ser más precisos: la luz de la gracia en nuestras almas es la luz de Cristo mismo, presente en nosotros por su Espíritu. Con palabras de uno de los Padres griegos, el alma resulta iluminada cuando "el Rostro de Cristo" (es decir, su presencia espiritual y trasformadora) colma el alma con su luz y sus rasgos como si Él estuviera reflejado en un espejo.

> "Quienes son iluminados asumen las facciones, la semejanza, la mente auténtica y la apariencia de Cristo hombre. La forma de la Palabra se graba en ellos según su verdadera semejanza y se engendra en ellos por el concocimiento cierto y la fe, de modo que Cristo nace en cada cual... Se convierten en otros Cristos por su vínculo con el Espíritu Santo."*

132. En su libertad e intelectualidad, la profundidad de nuestra alma contiene la imagen de Dios. La libertad y el entendimiento se unifican, por decirlo así, en esa cúspide del alma que hemos llamado espíritu, como en un santuario interno del que salen para actuar en nuestra vida cotidiana. En el espíritu, nuestra libertad e inteligencia permanecen como capacidades latentes para una activación espiritual suprema que trasciende la naturaleza. La posibilidad de esta activación es algo que la naturaleza sólo puede advertir vaga o remotamente. No puede saber en qué consiste esta

---

* San Metodio, Rouet de Journel, *Enchiridium Patristicum*, 613.

activación. Pero, al aspirar a la perfecta felicidad espiritual, nuestra libertad aspira a esta perfección desconocida.

¿Qué sucede cuando el alma es iluminada por Dios? La cúspide del alma es como la cumbre de una montaña que estuvo oculta entre las nubes, pero ahora las nubes se disuelven y dejan el pico libre en el aire límpido de lo alto, a través del cual recibe la plena luz del sol. Entonces, el espíritu del hombre, iluminado y trasvasado con la presencia del Espíritu de Dios, y lleno de gracia, se convierte en *pneuma*. La libertad y la comprensión del hombre ingresan a una dimensión totalmente nueva. Se descubren capaces de orientar su actividad en una dirección que jamás conocieron antes. Se les abren horizontes nuevos: horizontes que no están por debajo de ellas, ni en su mismo nivel, sino por encima de sus poderes connaturales. Sin embargo, al mismo tiempo han recibido virtudes y dones de Dios que, como instintos nuevos, las preparan para desenvolverse en este nuevo terreno espiritual.

Entonces, el espíritu, el *pneuma*, es estrictamente una "nueva naturaleza". El hombre que se ha vuelto *pneumatikos* —espiritual— es por cierto una "nueva criatura". Y san Pablo estaba en lo cierto al resaltar el hecho de que en la religión eso es lo esencial. Ni ritos, ni ceremonias, ni prácticas religiosas, ni códigos de conducta ética son la esencia de la vida espiritual. Esta "nueva criatura" puede amar a Dios por sí mismo dado que, por la fe, lo conoce tal como Él es. La "nueva criatura" vive por el Espíritu de Cristo.

133. El *pneuma* vuelve nuestra libertad y nuestro entendimiento sensibles a valores enteramente nuevos, y aptos para la experiencia sobrenatural. La iluminación bautismal puede entenderse por medio de otra imagen. Enciende, por así decirlo, lo que los místicos de la Alta Edad Media denominaban la *scintilla animae* o, chispa del alma. Así, la gracia santificante no sólo trae consigo la suave y apacible luz difusa que se expande sobre toda la atmósfera purificada de la cumbre del alma, sino que en la cúspide exacta del espíritu, la cima del intelecto y de la voluntad más recóndita del hombre, arde ahora al rojo-blanco el pico de la receptividad

mística, ese insaciable pequeño diamante del discernimiento espiritual que es lo más precioso del espíritu humano: un tesoro por el cual el mundo y todo lo que contiene pueden ser desechados y computados como pérdida.

¿Qué sucederá en este punto, la *scintilla*, cuando se haga sentir en nosotros? San Juan de la Cruz describe esta "semilla de fuego" plantada en el alma centrada en Dios.

"¿Quién podrá hablar como conviene? Porque siente el alma allí como un grano de mostaza muy mínimo, vivísimo y encendidísimo, el cual de sí envía en circunferencia un vivo y encendido fuego de amor; el cual fuego, naciendo de la sustancia y virtud de aquel punto vivo... Y lo que aquí goza el alma no hay más que decir sino que allí siente cuán bien comparado está en el Evangelio el reino de los cielos al grano de mostaza... pues que el alma se ve hecha como un inmenso fuego de amor que nace de aquel punto encendido del corazón del espíritu."*

134. El sacramento del bautismo ilumina nuestra alma con la luz, la presencia y la semejanza de Cristo. La imagen divina en nosotros, nuestra naturaleza intelectual que está siempre oscuramente necesitada de Dios porque siempre, a pesar de ella misma, tiene hambre de verdad y felicidad perfecta, ahora se convierte en *pneuma*, en espíritu. Sabe dónde procurar la verdad, dónde buscar la felicidad. Recibió la iluminación necesaria para emprender el viaje en procura de Él. Recibió los poderes sin los que no podría dar paso alguno hacia Él. Recibió al Espíritu, que es Dios mismo, Aquel que le enseñará que el Padre está al alcance, y que se lo encontrará cuando nos entreguemos a las inspiraciones de su gracia. Se lo halla en la práctica de nuestra libertad, en la perfección de nuestra inteligencia, pero no en las opciones tomadas por nuestro libre albedrío natural ni en la clara comprensión de una inteligen-

---

* *Llama de amor viva*, Canción II, Alcalá de Henares, 1618.

cia naturalmente perspicaz, sino solamente en la espontaneidad sobrenatural de un alma que encuentra su libertad suprema en la libertad del Espíritu Santo y su total iluminación en la tiniebla por la que vamos hacia su luz. El bautismo abre el rumbo hacia la comunión existencial.

135. Para apreciar todas estas verdades sobre el sacramento de la iluminación, consideremos la Liturgia del bautismo en los términos de la catequesis con que los Padres de la Iglesia explicaron a los neófitos (los recientemente iluminados) el pleno significado de la iniciación bautismal.

No puede existir una expresión más vívida del personalismo cristiano que el rito del bautismo.

Lo primero que sucede es un diálogo entre el sacerdote y el catecúmeno, de la Iglesia. El cura dice: en el pórtico "¿Cuál es tu nombre?" Entonces, cuando el catecúmeno responde, el sacerdote lo llama directamente por su nombre y le pregunta qué busca en la Iglesia de Dios. El catecúmeno contesta: "Fe."

Desde el mismísimo comienzo es evidente que la cuestión más fundamental planteada por el bautismo es la *verdadera identidad del hombre.* Cuando un adulto se presenta para el bautismo (y originariamente el rito bautismal era cosa de adultos), se supone que se ha indagado, que ha luchado todo lo posible para disipar todas sus ilusiones sobre sí mismo, hasta llegar a alguna rudimentaria respuesta a la pregunta: "¿Quién creo ser? ¿Qué pienso que hago? ¿Por qué creo que lo hago?"

La iluminación cristiana confronta al hombre, criatura espiritual de Dios, nacido para conocer a Dios, una persona que no es aún una persona en el sentido espiritual pleno de la palabra porque todavía no se conoce integramente a sí mismo. Está luchando para emerger de las brumas y la confusión de errores donde, inerme, trata de conocerse a sí mismo. La confusión, el error, la ilusión y la esclavitud del raciocinio humano, por más digna de compasión y más comprensible que sea, en cierta medida todavía es imputable a la propia voluntad del hombre. No interesan las circunstancias atenuantes, cada cual debe admitir que es ampliamente culpable de su ceguera.

136. De nuevo, el sacerdote se dirige al catecúmeno por su nombre. Hubo una breve exhortación, durante la cual probablemente el catecúmeno se perdió en sus pensamientos, y ahora es otra vez convocado a sí mismo, a la aguda y definitiva realización de su identidad. En cierta medida, uno piensa en el doctor que le habla a un hombre que sale lentamente de un período de inconsciencia, repitiendo su nombre.

Esta vez la pregunta es: "¿Renuncias a Satán?" Es repetida tres veces. En el rito oriental se repite más veces, en formas distintas: "¿Renuncias a él?" Luego, tras una pausa: "¿Has renunciado a él?"

¿Cuál es la otra persona que entra en escena a esta altura? La Iglesia nunca transigió en su reconocimiento de los ángeles caídos, los enemigos espirituales del hombre. Lo que para ella resulta importante no es una manera dada de imaginarlos o de tratar de explicar su naturaleza. No se obsesiona con su identidad, sino que le preocupan los efectos que producen en el alma humana. El pecado, la confusión derivada de él, las aflicciones, el aborrecerse a uno mismo, la ceguera, los casi infinitos enredos de la decepción y el error, todo lo que cae bajo el membrete de la neurosis y la psicosis, todo lleva la marca del Demonio: falsedad, perversión, maldad.

Quien va a iluminarse no conoce ni puede conocer su yo genuino, no puede ser plenamente él mismo, necesita ser iluminado porque está aprisionado en la tiniebla de un error suscitado y sustentado por el Demonio. Ahora bien, este espíritu de error, por razón de la caída, es concebido por la Liturgia como algo oculto en las cosas materiales que le permiten engañar y entrampar la voluntad del hombre. La Liturgia oriental del bautismo habla del espíritu Santo que desciende del Cielo y santifica las aguas del Jordán en las cuales "los dragones tenían sus nidos". San Cirilo de Jerusalén tiene en su *Catequesis* una fuerte descripción simbólica de la santificación de las cosas creadas mediante el Bautismo de Cristo. Toda la Creación fue santificada porque Cristo descendió a las aguas del Jordán y el Espíritu Santo bajó sobre Él y las aguas al mismo tiempo, expulsando al Demonio. Esta acción sacramental, en la que el Demonio fue expulsado de la materia y lo creado recuperó su trasparencia a los ojos del hombre, otra vez inocente y espiritual, es presentada simbólicamente como una batalla entre Cristo y Leviatán. La imagen influyó profundamente las mentes y las imaginaciones de los artistas medievales.

"El dragón estaba en las aguas, según Job, quien dice que el dragón bebió el Jordán con su boca. Por lo tanto, cuando llegó el momento de aplastar la cabeza del dragón, Cristo descendió a las aguas y amarró al titánico, para que pudiéramos recibir el poder de pisotear serpientes y escorpiones. La bestia era pequeña pero terrible y causaba la muerte a todo el que la encontrara. Pero la vida vino a nuestro rescate para que la muerte quedara aprisionada para siempre a fin de que pudiéramos decir: "¿Donde está, oh muerte, tu victoria? El bautismo arrebata a la muerte su aguijón."*

Esta batalla se pelea de nuevo en el alma del bautizado. Antes de que el catecúmeno se bañe en el agua y en el Espíritu Santo, el espíritu maligno es extirpado de él, "el espíritu del error, el espíritu de la perversidad, el espíritu de la idolatría y de la avaricia insaciable, el espíritu de la mentira y de toda inmundicia",** y entonces queda preparado para recibir al Espíritu de Dios.

Sin embargo, primero el elegido debe declarar su fe en Cristo. Pues su recuperación de su verdadera identidad, en la vida sobrenatural, sólo puede ser efecto de una libre elección por su parte, un acto de su libre albedrío fortalecido y elevado por la gracia de Dios. Con este acto, que es al mismo tiempo una opción y una ofrenda personal, el hombre enciende dentro de sí esa chispa di-

* San Cirilo de Jerusalén, *Catechesis Illuminandorum*, III.11. Hay versión castellana, Lumen, colección Ichthys, Buenos Aires.
** Rito oriental, Cuarto exorcismo, ob. cit. p. 338.

minuta que hemos llamado *scintilla animae*. Después, ella arderá
en la cúspide de su alma y lo guiará para repetir esos actos de libre albedrío que lo guiarán por el camino desértico que la fe reco-
rre en su rumbo hacia Dios.

137. El sacerdote, dirigiéndose una vez más al catecúmeno por
su nombre, exhala sobre él, para que pueda recibir al Espíritu Santo. Lo nombra de nuevo, hace la señal de la cruz sobre su frente.
Luego, sigue una ceremonia significativa en la que todos los sentidos del catecúmeno son signados con la señal de la cruz. Las palabras de las breves oraciones que acompañan este acto indican
que mediante el poder de la cruz, el espíritu del hombre recobra-
rá sus sentidos espirituales perdidos, y se volverá capaz, mediante la experiencia mística, de atravesar el velo de la tiniebla y el misterio que nos separa de Dios.

"Unjo tus oídos para que oigas los preceptos de Dios."

"Unjo tus ojos para que veas el resplandor de Dios."

"Unjo tu nariz para que puedas percibir el dulce aroma de
Cristo."

Los Padres griegos enseñan que los llamados sentidos espirituales tienen funciones muy importantes en la vida interior. Están
latentes como semillas en nuestra naturaleza intelectual. Germi-
nan por primera vez en el bautismo. Pero sólo se desarrollan
cuando una vida ascética y sacramental nos ha purificado de las
pasiones. Al quedar relativamente libre del dominio de las impre-
siones de los sentidos externos, el espíritu percibe, por ejemplo, la
dulzura espiritual de la virtud por una analogía con el sentido del
olfato, y cuando por "audición" espiritual entiende la instrucción
que Dios nos da mediante los *logoi* o naturalezas de las cosas
creadas y por la acción de su divina Providencia en el mundo. Tales sentidos espirituales están por encima del nivel de imaginación, emoción o cualquier sentido corporal, externo o interno. Todo el objeto de la doctrina está en la oposición entre estos sentidos, albergados en el intelecto o en el espíritu mismo, y los sentidos del cuerpo. La validez de términos como "oír" y "tocar" es por

supuesto metafórica. Pero la metáfora posee cierto fundamento en la experiencia espiritual. Por ejemplo, existe un justificativo real observable para asignar el sentido de la "presencia de Dios" al "toque" espiritual, pues es como percatarse de que "sentimos" cerca la presencia de una persona que no vemos. Hay también una buena razón para decir que la cualidad de la virtud es apreciada por el espíritu iluminado a la manera de un perfume o un buen aroma, y que "saboreamos" la bondad y la misericordia de Dios. Finalmente, debería ser evidente que el más perfecto de los sentidos espirituales, que es la "visión" espiritual, sería apropiado para el espíritu que es iluminado por Cristo y experimenta a Dios y a las divinas Personas como si las "viera", aunque no se encuentre bendecido todavía por esa clara visión que es incompatible con la vida del mundo actual.

Todas estas bendiciones son impartidas a los diversos sentidos del hombre antes del propio bautismo, y la razón es que el espíritu precisa ser despertado y vuelto sensible al gran don que está por recibir. Si bien muchos hombres pueden recibir habitualmente los sacramentos sin darse mucha cuenta del impacto espiritual de estos instrumentos divinos sobre sus almas, la Iglesia siempre supone que la vida sacramental del fiel debería normalmente ser realzada de tanto en tanto por hondas percepciones de la realidad de los asuntos espirituales. Tampoco existe razón alguna para que no suceda así desde el mismísimo comienzo. Sin duda, la Iglesia primitiva estaba familiarizada con los dones carismáticos impartidos a los neófitos tan pronto como recibían al Espíritu Santo. Y aquí no nos referimos a los carismas sino a la gracia "ordinaria".

138. No debemos subestimar la importancia de esta "apertura" de los sentidos espirituales en el bautismo. La apertura de los oídos (el sentido del oído es el más íntimamente conectado con la fe) tiene lugar otra vez cuando el catecúmeno va a ingresar al baptisterio. Pero, entretanto, toda su persona ha sido bendecida, signada y consagrada a la Santísima Trinidad, y se le ha puesto un poco de sal en la lengua, para que "la sal de la sabiduría sea para ti propiciatoria de la vida eterna". Aquí, por supuesto, "sabiduría"

implica una experiencia de los asuntos de Dios, un hondo conocimiento de los caminos del Señor. Tal vez no sea estrictamente lo
mismo·que el don contemplativo descrito por santo Tomás. Sin
duda posee connotaciones que implican la conducción prudente
de la propia vida, más que el reposo de la contemplación, pero al
final uno no puede eludir el hecho de que la Iglesia concibe este
don con cierto sentido místico.

139. En el baptisterio, el llamado al catecúmeno por su nombre
se repite. Es nuevamente interrogado tres veces para ratificar que
renunció a Satán. Todo esto no implica que la Iglesia tenga escasa
confianza en sus catecúmenos sino que sencillamente nos familia-
riza con el hecho de que enfatiza el elemento del libre albedrío en
nuestra justificación. Y esto nos lleva de vuelta al punto principal: el
bautismo nos otorga nuestra genuina identidad, nuestra existencia
espiritual en Dios. Nos hace comenzar a ser la persona que supuestamente debemos ser, uniéndonos con Dios mediante nuestra libre opción, por la fe en Cristo. Nos sitúa en el camino que
supuestamente debemos recorrer, si vamos a cumplir nuestro
destino individual y si nuestro nombre va a significar algo. Y todo
esto debe lograrse mediante la *afirmación de nuestra propia libertad*, elevada y trasformada en la libertad de Dios. Es "persona"
quien conduce su vida de acuerdo con su estado, su función y su
lugar en el mundo.

Así, recordándole al catecúmeno que posee un nombre, la Iglesia le recuerda que también tiene una vocación. Porque ser nombrado es ser convocado. Y ser nombrado por Dios es ser convocado, por una vocación espiritual, a una identidad oculta que sólo
realizaremos cuando recibamos en el Cielo un "nuevo nombre"
que nadie entiende salvo quien lo recibe.

Después de estos prolegómenos tiene lugar el bautismo, tras
un diálogo de lapidaria pero trascendental sencillez:

"¿Cómo te llaman?"

El catecúmeno responde con su nombre. Y debe notarse que
la frase no es "cuál es tu nombre" sino "cómo te llaman". ¿Cuál es

tu vocación? ¿A qué eres convocado?" La respuesta es que soy convocado a ser la persona que Dios quiere que sea. Soy convocado a ser quien soy, y ésa es mi vocación.

—N (repitiendo el nombre), ¿crees en Dios...?

—Creo.

Es interrogado tres veces, pues debe creer en el Padre, en el Hijo y en el Espíritu Santo. Las identidades de estas tres divinas Personas ingresan misteriosamente a su identidad cuando se vuelve un hijo de Dios. Finalmente, el sacerdote pregunta:

—N, ¿quid petis?" (¿Qué quieres?)

—El bautismo.

—¿Quieres ser bautizado?

—Quiero. *¡Volo!*

El latín es mucho más potente que la lengua vernácula. La idea no es sólo que el catecúmeno "se sienta" como que lo bautizan, o que le gustaría ser bautizado, sino que *quiera* ser bautizado. Aquí hay una afirmación definitiva e irrevocable de su libertad. Un acto de autodeterminación y de autonomía sin el cual no habría vida sobrenatural. Sin el ejercicio libre, consciente y claramente asumido de nuestra libertad, no podemos convertirnos, con pleno sentido, en personas.

140. En el rito oriental, hasta cuando el bautismo se administra a los niños pequeños, el neófito recibe inmediatamente la confirmación y la sagrada eucaristía. En el rito latino, la unción del neófito con crisma evoca la práctica original de ligar el bautismo y la confirmación en un acto único. Y así no está fuera de sitio hablar del descenso del Espíritu Santo sobre el alma del recién bautizado. De hecho, sin la misión invisible del Espíritu Santo no habría bautismo. Todo lo que hemos dicho sobre los sentidos espirituales carecería de significado. Renacemos "del agua y del Espíritu" (Juan 3, 5). San Cirilo de Jerusalén dice: "Cuando el agua lava el cuerpo, el Espíritu Santo graba su sello en el alma, a fin de que podamos

aproximarnos a Dios con nuestros corazones purificados espiritualmente y nuestros cuerpos limpios. Entonces tú, que estás por descender a las aguas, no pienses solamente en el agua, sino recibe tu salvación por acción del Espíritu Santo, pues sin el agua y el Espíritu no puedes volverte perfecto."*

San Cirilo insiste en que solamente esta unción interior con el Espíritu Santo puede hacernos cristianos. Pues cuando el Espíritu Santo es "derramado" sobre nuestras almas, nos convertimos en "Cristos" (o sea, "ungidos") con verdad absoluta.

"Ahora os volvisteis Cristos al recibir el símbolo (*antitypos*, sacramento) del Espíritu Santo y todas las cosas fueron simbólicamente grabadas en vosotros porque sois figuras de Cristo. Él también se bañó en el río Jordán y, tras comunicar la fragancia de su divinidad a las aguas, emergió de ellas, y el Espíritu Santo en substancia se posó sobre Él, como si descansara en un igual. También a vosotros, de la misma manera, tras emerger de las aguas de la corriente sagrada, se os concede la unción, el antitipo de lo que ungió a Cristo; y es el Espíritu Santo, del que el bendito Isaías dice en la persona del Señor: 'El Espíritu del Señor está sobre mí, porque Él me ha ungido para predicar su Evangelio a los pobres.'"**

141. San Cirilo prosigue y dice que este descenso del Espíritu Santo, sobre el alma completa nuestra participación sacramental en la muerte y Resurrección de Jesús. Y el Espíritu Santo está genuinamente presente en nuestras almas cuando nuestros cuerpos son ungidos con crisma. Explica cómo la presencia y la acción del Espíritu Santo nos inicia en el nuevo mundo que sólo puede ser percibido por nuestros sentidos espirituales. Nos muestra que el Espíritu Santo vivirá y actuará dentro de nosotros en el combate que debe seguir a nuestro bautismo, así como Cristo fue conduci-

* *Catechesis Illuminandorum*, 3, 4. San Cirilo se refiere al bautismo por inmersión.
** *Catechesis Mystagogica*, III, 1.

do por el Espíritu al desierto para ser tentado después de su propio bautismo.

Y esto nos recuerda que la iluminación sacramental del bautismo cristiano no es el final de un viaje sino apenas su comienzo. El sacramento, el "misterio", no es un mero símbolo ritual que deja de existir cuando concluye el rito. Es el comienzo de una nueva vida, de la cual el lenguaje ritual del sacramento sólo nos dio el esbozo más descarnado y más necesario. Pero ese esbozo es suficiente para hacernos saber que ahora nuestras almas cambiaron y que recibimos una nueva identidad en Dios. El fuego descendió desde el Cielo sobre nosotros. No lo robamos, como Prometeo. Nos fue concedido porque el Padre quiso que lo tuviéramos, así podemos encontrarnos y convertirnos en sus hijos. Más que eso, la unción del Espíritu es dada a nuestras libres voluntades a fin de que nuestra libertad, en unión con la libertad del Espíritu de Dios, otorgue gloria a Dios en la creación de nuestra identidad única, cuyo secreto solamente Él posee.

9

Desafío a la tiniebla

142. "El Reino de los Cielos", dice Jesús, "será semejante a diez vírgenes que, con su lámpara en la mano, salieron al encuentro del novio" (Mateo 25, 1). La parábola de las diez vírgenes nos expresa cuál debe ser la vida del cristiano —y la vida de la Iglesia— en el mundo actual. La iluminación sacramental del bautismo ha encendido la lámpara de nuestro ser, el *pneuma*. Pero nuestra vida es todavía una vigilia en la tiniebla. El desvelo con que debemos esperar "la llegada del novio", es la constante aptitud para ratificar la opción moral hecha en nuestro bautismo. La noche de "este mundo" es la confusión, la rutina, la mediocridad y la inercia de la existencia de cada día con sus distracciones. Cuando Cristo nos expresa que la obligación fundamental del cristiano es un estado de desvelo y de alerta, Él dice, en otras palabras, que debemos mantener despierta nuestra libertad, preparada en cualquier momento para trascender la embrutecedora artificialidad de

la existencia común con decisiones que afirmen nuestra identidad espiritual interna como hijos de Dios.

143. Las vírgenes cuyas "lámparas están preparadas" son aquellas que por la fe, la rememoración, la oración y la disciplina personal, mantienen el ojo de su alma despejado y puro: recuerdan que asumieron plena responsabilidad de su vida moral, y están preparadas para rendir cuentas a Dios y a su propia conciencia por el uso de su libertad.

Las vírgenes de la parábola están divididas por igual. De las diez, cinco son prudentes, cinco son necias. A veces, uno desearía saber si, en realidad, los necios no son más numerosos que los prudentes. Es demasiado fácil ir por la vida con una libertad indolente y adormilada que es como una lámpara sin aceite, una lámpara que no da luz cuando hace falta.

Necesitamos especialmente la luz encendida en nuestro espíritu por el Espíritu de Dios cuando surge el grito de "¡Ya está aquí el novio!" Y Él viene no sólo al final de los tiempos, en la *Parusía*, sino también en instantes imprevistos de nuestras vidas individuales, momentos de crisis, en los que somos providencialmente emplazados a superarnos y presionados para el cumplimiento de nuestro destino personal.

144. La vigilia en la tiniebla no es sólo un tema frecuente de los textos litúrgicos cristianos, sino un elemento de la mismísima naturaleza de la Liturgia. La oración pública de la Iglesia es precisamente la lámpara que ella mantiene preparada, para dar testimonio de la luz de su fe y para permitirle aparecer y encontrarse con el novio cuando Él llega. Esto es particularmente cierto en el "Oficio Nocturno" de Maitines y Laudes, que las órdenes monásticas cantan en las primeras horas de la mañana.

Ahora bien, la Liturgia tiene por objeto formar al individuo cristiano. En consecuencia, tenemos que aprender a entender sus símbolos a fin de absorber las lecciones que trasmiten. Pero al mismo tiempo, la Liturgia es más que un simbolismo y más que un ritual. A través de la Iglesia como medio, a la que Él confió la tarea de guiar, santificar e instruir a la humanidad, Dios ejerce una acción sacramental sobre los espíritus de los hombres de fe. Un teólogo dice:

"Con Su fuego divino (el Espíritu) debe trasformar gloriosamente a la Desposada de Cristo en la imagen de Su divina naturaleza, trasformar todo su ser añadiendo esplendor al esplendor, colmándola con Su propia vida divina. Todo esto debe hacerlo tan radical y poderosamente que podría decirse de ella que no vive, sino que Dios vive en ella. Él debe hacerla tan análoga a su divina Cabeza... que ella parece ser el mismísimo Cristo."*

La "lámpara" de nuestra libertad personal, por lo tanto, se nutre con el aceite que es la doctrina de la Iglesia y se enciende con la llama del Espíritu Santo, con la gracia que la Iglesia nos otorga por medio de los sacramentos. Cuanto más penetramos en el auténtico espíritu de la Liturgia, mejor entendemos el "personalismo" de nuestra fe. Un mero conformismo externo, una participación formalmente ritual en las ceremonias del culto colectivo, no sólo aporta poco para estimular nuestra libertad interna sino que hasta tiende a sofocar nuestra libertad y a atrofiar nuestro crecimiento espiritual. ¿Por qué? Porque elude la opción interior, ese personal compromiso moral y espiritual que la Liturgia realmente nos exige. "Este pueblo me ha honrado con sus labios —dice el Señor— mientras que su corazón está lejos de mí" (Isaías 29, 13).

La libertad y la esclavitud son incompatibles. Un espíritu de conformismo servil a ritos y preceptos, sin el compromiso interior de nuestro ser íntegro a las consecuencias de la opción moral, obstruye la acción interna de la gracia y nos impide establecer un contacto vital con el invisible Espíritu de Dios. Y por eso mismo

---

* Matthias Scheeben, *The Mysteries of Christianity*, St Louis, 1946, p. 544.

impide que encontremos nuestro ser verdadero en la actualización de nuestra capacidad de desarrollar nuestra captación de las realidades espirituales. Y esta captación espiritual, que ante todo depende de la fe, es también imposible si no tenemos un conocimiento genuino de nosotros mismos.

145. La sinceridad de toda oración, sea litúrgica o privada, depende del reconocimiento de nuestro específico estado espiritual. Debemos captar algún indicio de lo que se supone que somos, de lo que no somos, y de lo que somos. El primer paso hacia la libertad, que es un don gratuito de la gracia de Dios, está en el libre reconocimiento de nuestra necesidad de su gracia. O, en otras palabras, si nuestra libertad aspira a una unión con la suprema libertad del Espíritu que es la Libertad misma, debe comenzar por aceptar libremente la verdad sobre nosotros mismos. Pues sin la verdad no podemos ver para efectuar opciones, y si la libertad no puede ver para elegir, no es plenamente libre. Debemos ver y aceptar el misterio del amor de Dios en nuestras vidas aparentemente inconsecuentes.

146. No se puede ingresar a los misterios de la fe sólo pensando sobre ellos. Tenemos que orientar nuestra libertad en la dirección que ellos nos señalan como voluntad de Dios. Sin esta dedicación no sólo no los entenderemos, sino que ni siquiera creeremos. Sólo procediendo sobre las verdades de la fe, ciñendo nuestras vidas a sus consecuencias, podemos convertirlas en nuestra posesión. Y así, en la Liturgia, en la vida sacramental, somos enseñados tanto por el querer como por el pensar. La inteligencia y la voluntad deben trabajar siempre juntas, más en la fe que en cualquier otra virtud, pero, es por medio de la espontánea opción de nuestra voluntad, nuestra inteligencia atrapa la verdad sobrenatural. En el idioma de los Padres griegos, no hay verdadera *gnosis* (conocimiento de lo divino) sin *praxis* (acción moral y ascética).

147. Sólo llegamos a conocer plenamente a Dios en y a través de Cristo. Y nuestro conocimiento de Dios a través de Cristo depende de nuestra unión espiritual con Cristo en el misterio central de nuestra redención: Su muerte y Resurrección. Ésta no es sólo una verdad que aceptamos como histórica, no sólo un dogma en el que creemos, es una realidad redentora que debemos situar en el centro de nuestra vida espiritual. Este misterio, esta realidad redentora, es la fuente y el centro de toda libertad espiritual. La opción que eleva nuestro espíritu por encima del nivel semivivo de la existencia mortal y material, y que abre el rumbo hacia una auténtica y mística vida en Dios, no es más que el efecto de un contacto directo entre nuestra alma y el Espíritu del Cristo resurrecto. El despertar de nuestra libertad espiritual es imposible a menos que un movimiento de la voluntad amorosa y misericordiosa de Cristo alcance, toque y agite las profundidades de nuestro espíritu. La profunda opción que nos hace libres, y por lo tanto da vida a nuestro genuino y más hondo ser esencial, es una resurrección de Cristo en nuestras propias vidas. Es el movimiento que nuestra voluntad efectúa cuando es misteriosamente unificada con la suya, como si fuéramos una única voluntad, una sola persona.

148. En la Liturgia, la acción divinizante y trasformadora de Dios es ejercida sobre nuestras almas de un modo muy especial. La Misa es el centro privilegiado de esta acción divina sobre nuestra libertad interior, porque Cristo está presente en el gran hecho redentor de su muerte y Resurrección, siempre que el pan y el vino sean válidamente consagrados en el sacrificio eucarístico. Quienes participan del sacrificio ingresan con Él al misterio. "Tantas veces como este sacrificio sea ofrecido —dice una plegaria de la Liturgia —se lleva a cabo la obra de nuestra redención."*

Los fieles mueren y resucitan con Cristo en todos sus contactos sacramentales con el Salvador resurrecto y, al hacerlo así, se vuelven capaces de experimentar el crecimiento del conocimiento es-

---

* *Quoties hujus hostiae commemoratio celebratur, opus nostrae redemptionis exercetur.* Secreta, noveno domingo después de Pentecostés.

piritual y el incremento de la libertad interior que les ha brindado el encuentro con Él. De este modo desarrollan el don de la vida sobrenatural que les fue impartida en el bautismo. Pero este crecimiento y desarrollo nunca será completo si ellos no prolongan estos contactos litúrgicos por medio de la oración en privado, la meditación, el ascetismo y las obras de caridad. La gracia de los sacramentos no es concedida sólo para ser disfrutada sino usada. No es algo para pensar u observar, debe ser puesta en acción. Sólo entonces comenzamos a apreciar lo que hemos recibido porque entonces la gracia se apodera de nuestro espíritu en el ejercicio de nuestra libertad interna.

149. La moralidad y el ascetismo cristianos resultan incomprensibles si no recordamos que tienen un propósito único: facultarnos para crecer en nuestra comunión espiritual con Dios, en el Cristo resucitado. Destaco la palabra "resucitado" porque Cristo, al crucificar en sí mismo la Ley, resucitó precisamente para darnos libertad: la libertad de su Espíritu, la libertad de los hijos de Dios, la libertad con que Cristo nos hizo "hijos de la libre" (Gálatas 4, 31).

Toda la moralidad del Nuevo Testamento fluye de este hecho central de nuestra liberación de la ley debido a la muerte de Cristo. La esencia de esta moralidad es su libertad. Su primera obligación es que preservemos nuestra libertad. ¿Cómo? Guardando el gran mandamiento que resume e incluye todos los demás. "Pues toda la ley alcanza la plenitud en este solo precepto: Amarás a tu prójimo como a ti mismo" (Gálatas 5, 14).

Obviamente, el amor es imposible sin libertad. El amor que no es libre ni siquiera es amor. La vida misma del amor es la espontaneidad. Por lo tanto, todos los aspectos negativos del cristianismo pueden resumirse en la obligación de "manteneos firmes y no os dejéis oprimir nuevamente bajo el yugo de la esclavitud" (Gálatas 5, 1). En este contexto, la esclavitud significa servidumbre bajo un sistema legal, sujeción a los "elementos de este mundo", a prescripciones ceremoniales y morales que por sí mismas nada pueden hacer para conducir a los hombres a la realización interior, espiritual. "Si sois conducidos por el Espíritu, no estáis bajo la ley" (Galatas 5, 18). Pero hay una ley mucho peor, la ley "de la carne" con una peor esclavitud que abate el espíritu del hombre y "no hacéis lo que quisierais" (Gálatas 5, 17). Ambas servidumbres, de las que debemos mantenernos libres por la práctica de una auténtica vida cristiana, implican la inmersión y la absorción de lo que está por debajo de nosotros. La primera nos aprisiona dentro de nosotros en un miedo que alza barricadas de legalismos y superstición. La segunda, mientras parece liberarnos de nosotros mismos, debilita y aturde nuestro ser en la confusión del libertinaje carnal. Planta una barrera entre nosotros y los mismos que comparten nuestro libertinaje. La comunión auténtica pertenece al orden espiritual. No puede consumarse meramente en la carne.

150. La debilidad y el temor son los elementos que guían al espíritu esclavizado, sea su servidumbre la de una franca licenciosidad o la de una aparente severidad. "Pero el amor perfecto expulsa el temor" (1 Juan 4, 18). Y a menos que expulsemos el temor, no podemos encontrarnos porque ni siquiera podemos enfrentarnos a nosotros mismos. La verdad anidada en nosotros persiste como el objeto de nuestra máxima ansiedad. Luchamos por mantenerla oculta ante nosotros precisamente porque la verdad nos hará libres, y preferimos ser esclavos. La libertad trae con ella muchísima responsabilidad, más de la que estamos dispuestos a afrontar. Pero el misterio de la Pascua nos dice que podemos hallar la fortaleza para encararla.

151. Una vez que entramos de nuevo en contacto con nuestro ser esencial más profundo, con un amor propio ordenado que es inseparable del amor de Dios y de su verdad, descubrimos que todo lo bueno se desarrolla desde dentro de nosotros, creciendo desde las profundidades ocultas de nuestro ser según las normas concretas y existenciales formuladas por el Espíritu que Dios nos otorga. Esta espontaneidad mística (que se inicia con la libre opción de la fe y crece con nuestro crecimiento en la caridad) esta-

blece el tono de nuestra entera vida moral. Es la promulgación interior de la nueva ley de la caridad de Dios en nuestros corazones.

152. La ley de nuestra vida puede resumirse en el axioma: "Sé lo que eres." Como hijos e imágenes de Dios, no debemos tener obligación más elevada o urgente que parecernos a Él en la pureza, la universalidad y la perfección de nuestra libertad en el amor divino.

La espontaneidad de esta "ley" interior es como la ley orgánica que gobierna el crecimiento de una flor o de un árbol. Cuando san Pablo se refiere al "fruto del Espíritu",* su metáfora sugiere la manera en que un árbol da flores y frutos sin instrucciones, sin órdenes, sin ayuda alguna.

"Tal como una planta crece, florece y da fruto por su propia naturaleza, en función de su principio vital intrínseco (o, por decirlo de otro modo, por sí misma, simplemente porque es lo que es), así también las virtudes y las obras cristianas del amor se ven como el florecimiento y el resultado casi natural de esa nueva vida que nos configura en Cristo y que el cristiano recibe como bautismo."*

No obstante, aunque esta espontaneidad es "natural" para nosotros, en el sentido de que el hombre fue originalmente creado con plena libertad para vivir con Dios como por instinto espiritual, hemos visto que nuestra libertad espiritual perdida ya no es tan espontánea o tan instintiva. Debe ser recuperada mediante una batalla prolongada y paciente.

---

* "En cambio el fruto del Espíritu es amor, alegría, paz, paciencia, afabilidad, bondad, fidelidad, mansedumbre, dominio de sí; contra tales cosas no hay ley" (Gálatas 5, 22, 23).
* *In Christ*, por William Grossouw, Westminster, 1952, p. 92.

153. Cualquiera sea la acción de Dios sobre nuestras almas, ya nos alcance mediante agentes externos o nos conmueva desde las profundidades de nuestra conciencia, su gracia significa dar fruto en nuestras vidas. Este fruto es simplemente una participación más intensa y mejor en la vida del Espíritu divino. Para decirlo sencillamente, la gracia estimula dentro de nosotros la vida espiritual. Despierta nuestras facultades y las impele a realizarse trascendiendo su actual nivel espiritual. Nos convoca a procurar una vida más abundante, un mayor conocimiento de Dios, un sondeo más hondo de las profundidades de nuestro ser, y una entrega nuestra más perfecta y más generosa al amor y al servicio de los demás.

154. Nuestra vida de "vigilia en la noche", de compartir la Resurrección de Cristo, que es la mismísima esencia del cristianismo, fuente de toda acción cristiana y centro de la contemplación cristiana, recibe su más perfecta expresión litúrgica en la Vigilia Pascual. Aquí la Iglesia renueva su contemplación del "Misterio" en toda su magnitud y en todos sus detalles. Aquí, ella recuerda la entera verdad de su participación mística en la "*pascha Christi*", el paso de Cristo por este mundo rumbo al Padre. Ella renueva la *pascua* cristiana, el *pésaj* hebreo, en que la libertad del hombre, guiada por Dios como por una columna de fuego, cruza el Mar Rojo de la confusión espiritual y material para adquirir su autonomía plena. Aquí la Iglesia está presente ante sí misma y presente para Cristo, totalmente. Es completamente consciente de su vida en Cristo. Recuerda a los fieles que Cristo viene a ellos en la "noche" de la fe, la tribulación de la lucha y el juicio, y que van a encontrarse con Él por su decisión personal.

El Sábado Santo inicia la fase final de lo que podría llamarse la gran liturgia: una "Misa" que dura cuatro días, renovando la secuencia íntegra de la Pasión y Resurrección de Cristo. El Jueves Santo, la Liturgia nos recuerda que cada misa es una representación no sólo del Calvario sino también de la última Cena. El misterio de la eucaristía es solemnemente expuesto ante nosotros en su mismísima institución. Lo vemos con un sacramento de la caridad, esa caridad por la que dedicamos nuestra libertad a Dios y unos a otros. Al mismo tiempo, contemplando la traición de Judas a Cristo, la Iglesia reconoce que las semillas de la traición persisten todavía en nosotros, pues todos tenemos algo del primer Adán y de los pecados que causaron la muerte del redentor. El Viernes Santo, no hay sacrificio eucarístico y la Iglesia no muere con Cristo en la Cruz, sino que más bien contempla su muerte en espíritu y lamenta los pecados —nuestros pecados— que causaron su muerte. Luego, el Sábado Santo es un extraño y nuevo *Sabbath*, sin misa, un día en que prácticamente no sucede nada litúrgico. La atmósfera del Sábado Santo es de aturdimiento e inercia. Es un día de "reposo" no tanto después del trabajo realizado sino antes del trabajo por realizar. Aquí estamos en el reposo inexistencial de desorientación que precede al gran despertar existencial de la mañana de Pascua. El Sábado Santo es un "reposo" en sentido negativo, el reposo de la anestesia, del olvido, de la semiconciencia. Es una especie de sueño, el sueño de quien ha descendido a las puertas de la muerte y comienza a recuperarse. Ha estado muy alejado de sí mismo. Su sueño no es todavía un regreso a la vida, pero prepara tal regreso. Recuperará de nuevo su auténtica identidad con el despertar de la conciencia. Y eso es lo que precisamente sucede la noche del Sábado Santo, cuando la Liturgia "vuelve en sí" y extrae la luz de la tiniebla, encendiendo las lámparas de la iglesia fría y vacía, colmando otra vez los altares desnudos, y renovando jubilosamente el sacrificio eucarístico del Cristo que no muere más.

155. En la fría oscuridad de la noche, el sacerdote y sus ministros se reúnen ante la puerta de la iglesia vacía. El "nuevo fuego", extraído del pedernal, es encendido y bendecido. El cirio pascual se encenderá con ese fuego. Luego se cantará el maravilloso *Exsultet*, proclamando el pleno significado del misterio pascual. La llama se tomará del gran cirio, y se multiplicará por todo el edificio en las diversas lámparas colgantes y en los cirios de los altares. Mientras se prepara la misa, se cantarán "profecías" de varios libros del Antiguo Testamento, mostrando cómo los tipos y figuras ocultas en la oscuridad de la Ley antigua han sido traídos a la luz

en la gloria de la Resurrección. Cada profecía enciende una luz mística en la Iglesia expectante. Es una fiesta de luz, una fiesta de vida, que celebra no únicamente el suceso pasado sino la realidad existencial presente del hecho redentor con que Cristo nos comunica su vida y nos une a Él en un solo espíritu.

156. La Creación animada e inanimada se une a la Iglesia en su festejo. No sólo los hombres están presentes para dar solemnidad al misterio, sino que los espíritus angélicos se unen a ellos en la celebración litúrgica. Los textos que se cantan, las plegarias y las bendiciones, son los más preciosos del año litúrgico. Son un compendio de la teología, teología no sólo estudiada, no sólo meditada, sino vivida. A través de la Liturgia, la Palabra misma, la Verdad increada, ingresa a nuestros espíritus y se trasforma en nuestra teología.

La primera voz que habla en la noche silenciosa es el frío pedernal. Del pedernal mana fuego. El fuego, que no emite sonido, es el más elocuente predicador de esta noche que no solicita otro sermón que la acción litúrgica y el misterio. Que la chispa surja de la piedra fría, nos recuerda que la fortaleza, la vida de Dios, está siempre profundamente oculta en la sustancia de todas las cosas. Esto me recuerda que Él tiene el poder hasta de extraer de las piedras a los hijos de Abraham.

La luz que salta desde la tiniebla, el fuego que proviene de la piedra, simboliza a Cristo que conquista la muerte. Él, que es la fuente de toda vida, jamás podría permanecer en la muerte, no podría presenciar la descomposición. La muerte no es una realidad, sino ausencia de realidad. Y en Él nada es irreal. El fuego que brota de la piedra habla, entonces, de su realidad que mana de la frialdad alienada de nuestras corazones muertos, de nuestras almas que se olvidaron de sí mismas, que se exiliaron de sí mismas y de su Dios, y perdieron su rumbo en la muerte. Pero no hay nada perdido que Dios no pueda encontrar de nuevo. Nada muerto que no pueda vivir otra vez en la presencia de su Espíritu. Ningún corazón tan oscuro, tan desvalido, que no pueda ser iluminado y reintegrado a sí mismo, entibiándose otra vez en una vida de caridad.

157. En tiempos antiguos, durante la noche de Pascua, los campesinos rusos solían transportar al hogar el fuego bendito de la iglesia. La luz se esparcía y viajaba en todas direcciones a través de la tiniebla, y la desolación de la noche era traspasada y disipada cuando uno tras otro los faroles se encendían en las ventanas de las granjas. También así, la gloria de Dios duerme en todas partes, preparada para refulgir inesperadamente en lo creado. Así están ocultos en el mundo su paz y su orden, incluso en el mundo de hoy, dispuestos a reestablecerse a su manera, en su propio buen tiempo, pero nunca sin la instrumentalidad de las libres opciones asumidas por hombres libres.

158. La bendición del fuego nuevo nos habla sobre todos estos asuntos, sobre Cristo, a la vez piedra y fuego del que proviene la luz espiritual que va hacia los corazones de sus creyentes. El fuego bendecido no es solamente un símbolo místico, sino fuego material "para que lo usemos". Por la bendición de la Iglesia, las cosas que usamos en la vida corriente se vuelven sacramentales. Por su mismísima creación, ya son símbolos de realidades espirituales.

Entonces, la bendición del nuevo fuego da la clave de toda la Vigilia Pascual; el nuevo fuego (dice la plegaria) tiene que inflamar nuestros corazones con anhelos celestiales, para que nos sea posible ingresar al festejo de la luz eterna con las mentes puras. La Misa es una figura de la festividad celestial, en la que estamos espiritualmente presentes por medio de nuestra liturgia terrenal. En la bendición del cirio pascual, la Iglesia llama a Dios "Padre invisible de la nueva vida" de modo que su luz espiritual se entrelace con el sacrificio ofrecido allí en la noche, para salir hacia todo lugar donde el fuego consagrado sea llevado.

159. No hay en toda la Liturgia católica una alabanza más espléndida de la luz y la vida espiritual que el *Exsultet* que canta el diácono, con toda solemnidad, no bien fue incensado el cirio Pascual. El Cielo y la Tierra son convocados a unirse al triunfo de Cristo. Porque el universo, contemplando el fuego sacramental y percibiendo más allá de su simbolismo la luz espiritual e invisible que es comunicada a la Tierra entera a través del Cristo místico, siente que la tiniebla del error y la ilusión se deslizan como un ropaje desechado. El Hijo, que proviene del Padre invisible y muere en la cruz, lavó la deuda de Adán en su propia Sangre, y al hacerlo así reveló el significado genuino del Cordero pascual, y de la noche en que los hijos de Israel huyeron de Egipto. Nos ha unido con Él en su victoria. Y entonces, sorprendentemente, el *Exsultet* se vuelve al mismo tiempo un himno de alabanza, no sólo a la luz sino también a la tiniebla. Tan profundo es el significado de la Resurrección que todo, hasta la más pura negación, lo que es tocado por su luz, adquiere cierta orientación positiva. Aun la oscuridad, aun la maldad, aun la muerte, aun el pecado; todo ello, visto a la luz del fuego sacramental, se vuelve capaz de ayudar en la obra de Dios. Pueden contribuir accidental, pero existencialmente, a la vida, el crecimiento y la libertad de nuestras almas.

Cristo murió. Pero en la tiniebla de su muerte, Él rompió las cadenas de la muerte para siempre. Aquellas cadenas ya no pueden despojar de su libre iniciativa a nadie que no lo desee, para que permanezca prisionero. Adán pecó, y Cristo murió debido al pecado de Adán. Hasta el pecado, incluso el mayor de los pecados, ingresa sin discordia a la nueva armonía teológica del *Exsultet*. El pecado de Adán ya no se lamenta más. Es una "culpa feliz" —*felix culpa*— una falla "necesaria" que se "requería" para que el amor infinito de Dios pudiera recibir su prueba y manifestación más contundente con la muerte de Cristo en la cruz. ¿Y la noche entonces, la noche de la inercia, de la angustia y de la ignorancia, la noche en que ningún hombre puede ver, ningún hombre puede trabajar? Se ha convertido en una "noche verdaderamente bendita" (*O vere beata nox*), la única que conocía el día y la hora en que Cristo se levantaría del Infierno. Y aquí nos enfrentamos cara a cara con el existencialismo de la Vigilia Pascual, un existencialismo que se sumerge en el corazón mismo de lo negativo y lo inexistencial para descubrir una realidad demasiado grande como para ser contenida por un concepto objetivo.

Éste es el existencialismo de la tradición "apofática", que contempla las realidades existenciales no bajo la luz, no bajo formas objetivas claras, sino en tinieblas, sin forma ni figura, aprehendida sólo en la intimidad de la experiencia más personal e incomunicable. Esta noche es más brillante y más clara que cualquier luz intelectual que pueda llamar la atención de nuestra inteligencia natural y sin ayuda. Es la noche sobre la que se escribió: "Y la noche se hará tan clara como el día", la noche oscura de san Juan de la Cruz.

> En la noche dichosa,
> en secreto, que nadie me veía
> ni yo miraba cosa,
> sin otra luz y guía
> sino la que en el corazón ardía.
>
> Aquésta me guiaba
> más cierto que la luz del mediodía
> adonde me esperaba
> quien yo bien me sabía,
> en parte donde nadie parecía.*

160. Que nadie se equivoque. Esta "noche" no está "más allá del bien y el mal", o más allá de la verdad y el error, en cualquier sentido que implique una indiferencia al bien y al mal, a la verdad y al error. Por el contrario, la aceptación de la "noche" como sendero hacia la luz y la unión es simplemente la afirmación más poderosa de la victoria del bien sobre el mal, de la verdad sobre el error, y del carácter inexistencial del mal y del error. Es el tránsito del no ser al ser, la recuperación de la existencia desde la inexis-

---

* *Subida al Monte Carmelo*, estancias.

tencia, la resurrección de la vida desde la muerte. Ésta es la conquista exigida a cada hombre que se une a Cristo: "No te dejes vencer por el mal, vence al mal con el bien" (Romanos 12, 21).

161. La noche mística no es noche simplemente, ausencia de luz. Es una noche *santificada por la presencia de una luz invisible* (en la que nuestro fuego sacramental visible que arde en la noche es sólo un testigo). El brillo de la luz eterna es tan inmenso que no podemos verlo y, comparadas con él, todas las demás luces se vuelven oscuridad. Sin embargo, para el hombre espiritual, todas las otras luces contienen la luz infinita. Él las atraviesa para alcanzarla. A medida que él pasa, ya no vacila, compara una luz finita con otra, un objeto empírico con otro, concepto con concepto. Con paso acelerado, con una certeza infalible que trasciende todos los objetos, instruido por el Espíritu único que puede contarnos el secreto de nuestro destino individual, el hombre comienza a conocer a Dios a medida que conoce su ser esencial. La noche de la fe nos ha puesto en contacto con el Objeto de toda fe, no como un objeto sino como una Persona que es el centro y la vida de nuestro propio ser, simultáneamente su propio Ser trascendente y la fuente inmanente de nuestra identidad y de nuestra vida.

Diario de un hermitaño

Los diarios llevados por Thomas Merton durante 1964 y 1965 fueron compaginados por él mismo y programados para su publicación en 1971, pero se perdieron temporariamente de vista después de su muerte súbita en 1968. Su reciente puesta en circulación permite ahora acceder a algunos de sus mejores escritos. *Diario de un ermitaño* contiene sus pensamientos durante un período crucial y dificultoso de dos años en los que el permiso que había solicitado durante muchísimo tiempo —vivir solo en una ermita— le es finalmente concedido. Estas páginas revelan sus introvisiones, su humor y sus reflexiones como monje y como ermitaño sobre las alegrías y las dificultades de la vida monástica.

De sus primeras anotaciones: "Me deslicé por la nieve de la empinada ladera. Me rasgué el pantalón con un alambre de púas. Regresé a través de los vastos campos y las dunas de nieve. ¡Paz!" Cuando 1964 se acerca a su término: "Termina mi quincuagésimo año. Si ahora no estoy maduro para la soledad, nunca lo estaré." También registra las visitas de Abraham Joshua Heschel, místico judío; del poeta polaco y novelista Czeslaw Milosz; del periodista, poeta y editor argentino Miguel Grinberg, traductor al español de ésta y otras obras de T. Merton; y otros visitantes; un viaje secreto a Nueva York para un diálogo privado con un erudito japonés, el doctor D. T. Suzuki; problemas con su espalda, que involucraron una hospitalización; el problema con los censores por sus escritos contra la guerra nuclear ("No se me permite decir lo que el Papa Juan dijo en *Pacem in Terris*").

Diario de un ermitaño. Un voto de conversación es presentado por Naomi Burton Stone, la amiga más próxima a Merton y su ex agente literaria, quien mantuvo correspondencia con él sobre este libro justo antes de que partiera hacia su último viaje, al Asia. Su carácter reflexivo y la calidad de su escritura lo sitúan entre sus mejores libros.

Pan en el desierto

Los Salmos, la más antigua e influyente colección
de poemas religiosos, resumen la teología del Antiguo
Testamento y sirven como alimento cotidiano para
quienes tienen como vocación la vida de oración, pero
también para aquellos que buscan una guía de conducta en un mundo cada vez más ansioso de valores
perdurables.

Thomas Merton, uno de los escritores espirituales
más brillante de todos los tiempos, realiza en esta obra
un estudio poético y místico de los Salmos. Este libro
admirable brindará inspiración no sólo a los lectores
que ven en ellos un pan espiritual, sino también a los
que los consideran "sólo" literatura.

Meditando con Thomas Merton

Desde su muerte en Bangkok, Tailandia, el 10 de diciembre de 1968, la influencia de Thomas Merton en la tradición cristiana y no cristiana ha crecido enormemente.

Meditando con Thomas Merton es un libro para los que aman a este extraordinario líder espiritual y para aquellos que deseen conocerlo.

Un collage de reflexiones, con Thomas Merton como guía. Centrándose en pasajes selectos de sus obras, Vandergrift escribió 30 breves meditaciones sobre temas como la integridad personal, la santidad, la identidad, la integración, Dios, el trabajo, la solidaridad y el servicio. Las palabras de Dios, la voluntad de Dios, el amor.

Cada meditación se completa con fragmentos bíblicos y una plegaria original.

Un viaje de 7 días con Thomas Merton

En la actualidad, más y más gente está reconociendo la necesidad de silencio y de abandono de las presiones de la vida cotidiana, sin hallar ni el tiempo ni el dinero para hacer un retiro.

En este libro, Esther de Waal intenta satisfacer esa necesidad presentando un viaje de siete etapas, para poder hacer un retiro propio donde y cuando se necesite.

Thomas Merton, que vivió gran parte de su vida en una ermita, será una compañía ideal para ello, con fragmentos de sus obras y sus fotografías. Descubrimos al hombre de oración, que hizo una vida contemplativa, aunque intensamente consciente de las necesidades y preocupaciones del mundo contemporáneo.

Paso a paso, con su ayuda, Esther de Waal lleva al lector a una mayor conciencia de sí mismo, de Dios y del mundo.

Se terminó de imprimir en el mes de febrero de 2001
en el Establecimiento Gráfico **LIBRIS S. R. L.**
MENDOZA 1523 • (B1824FJI) LANÚS OESTE
BUENOS AIRES • REPÚBLICA ARGENTINA